建築環境デザインのディテール
光・熱・風・水・音

[編著] 荻原廣高・花岡郁哉・青木亜美
海野玄陽・清野 新・竹中大史

Details of Environmental Design
in Architecture

Light, Heat, Wind, Water and Sound

彰国社

はじめに

　目に見えない，触れることのできない光や風を使って，どのように建築をデザインできるでしょうか。

　本書は，建築家や環境設備エンジニアらが共同で制作した「建築環境デザインのための実務書」です。パッシブデザインからアクティブデザインまで幅広く網羅し，建築設計者にも環境設備設計者にも，そして建築学生にも，実践的で役立つ基礎知識をまとめました。そしてその参考例として，環境建築のレガシーから私たち自身が携わったものまで，厳選した18の建築とそのディテールを掲載しました。さらに，今も最前線で建築環境デザインに向き合う私たちで行った座談会では，これまでの挑戦や今考えていること，そして将来に向けた試みなどについて語っています。

　本書が，よりよい環境建築を実現しようとする技術者のための，新しいプラットフォームになることを願っています。

荻原廣高

　本書は，ご好評いただいた『ディテール』の特集「環境・設備デザインのディテール vol. 1・2」（218・219号，2018〜19年）の編集メンバーに音の専門家を加えて，内容を更に充実させた単行本です。建築が高度に専門化，分業化する中で，建築を総体的にデザインするためには，専門分野に対する理解と分野横断的な視点が欠かせません。「建築」と「環境」を高度に統合しながらデザインする具体的な思考方法を，充実した事例と共にまとめた本書が，建築にかかわる多くの方々にとっての一助となればと思います。

花岡郁哉

執筆分担
───────────────
荻原廣高：5〜23, 28〜45, 92, 98, 156
花岡郁哉：24〜27, 54〜63, 74, 78, 152
青木亜美：46〜53, 63, 114, 122, 130
海野玄陽：24〜27, 54〜63, 106, 110, 134
清野　新：5〜23, 28〜45, 82, 144, 148
竹中大史：5〜23, 28〜45, 86, 102, 140
井元純子：14〜23

建築環境デザインの設計フロー 4

- Step 1　気候を読む 6
- Step 2　与条件を捉える 10
- Step 3　周辺と調和する 10
- Step 4　背景からつかむ 11
- Step 5　環境性能を定める 11
- Step 6　コンセプト・ディベロプメント 12

- 光 をいざなう 14
- 熱 をあやつる 28
- 風 をうながす 36
- 水 をめぐらす 42
- 音 をとどける 46

ヴァナキュラー建築と建築環境デザイン 54

[座談会]
建築をつくることは，環境をつくることである。 64

荻原廣高＋花岡郁哉＋青木亜美＋海野玄陽＋清野 新＋竹中大史

Contents

建築環境デザイン 手法とディテール 73

1　リバー本社 74
　　竹中工務店

2　EQ House 78
　　竹中工務店

3　MONOSPINAL 82
　　山口誠デザイン

4　NICCA イノベーションセンター 86
　　小堀哲夫建築設計事務所

5　みんなの森 ぎふメディアコスモス 92
　　伊東豊雄建築設計事務所

6　松原市民松原図書館 98
　　MARU。architecture＋鴻池組

7　コープ共済プラザ 102
　　日建設計／羽鳥達也

8　NBF大崎ビル 106
　　日建設計／山梨知彦＋羽鳥達也＋石原嘉人＋川島範久

9　アクロス福岡 110
　　日本設計，竹中工務店

10　JR熊本駅ビル 114
　　日建設計／小松良朗＋岩田友紀＋羽月喜通＋青木亜美

11　東京音楽大学 中目黒・代官山キャンパス 122
　　日建設計・戸田建設一級建築士事務所設計共同体

12　高槻城公園芸術文化劇場 130
　　日建設計／江副敏史＋多喜茂＋高畑貴良志＋差尾孝裕

13　新宿住友ビル RE-INNOVATION PROJECT 134
　　住友不動産（建主・基本構想・総合監修），
　　日建設計（基本設計・実施設計・監理），
　　大成建設一級建築士事務所（実施設計・監理）

14　一宮のノコギリ屋根 140
　　川島範久建築設計事務所

15　SHOCHIKUCHO HOUSE 144
　　西沢立衛建築設計事務所

16　淡路島の住宅 148
　　SUEP.／末光弘和＋末光陽子

17　UNIQLO TOKYO 152
　　佐藤可士和（トータルクリエイティブディレクター），
　　ヘルツォーク＆ド・ムーロン（デザインアーキテクト），
　　ファーストリテイリング（プロジェクトマネジメント）

18　ONOMICHI U2 156
　　吉田愛・谷尻誠／SUPPOSE DESIGN OFFICE

建築環境デザインの 設計フロー

step1 **気候を読む**
気候風土を分析し，その特徴や関連する環境制御手法を抽出する

step2 **与条件を捉える**
建物用途, クライアント要望, インフラ, 法規, 予算などの与条件を整理する

step3 **周辺と調和する**
周辺環境に影響を与える, もしくは与えられる環境要素を分析する

step4 **背景からつかむ**
歴史, 風景, 資源など, 計画の背景にあるものを浮上させ環境と結ぶ

step5 **環境性能を定める**
環境性能を定量化, 可視化する環境格付などにおける目標を設定する

step6 **コンセプト・ディベロプメント**
総合的な建築環境デザインの方針を示す

光 をいざなう
熱 をあやつる
風 をうながす
水 をめぐらす
音 をとどける

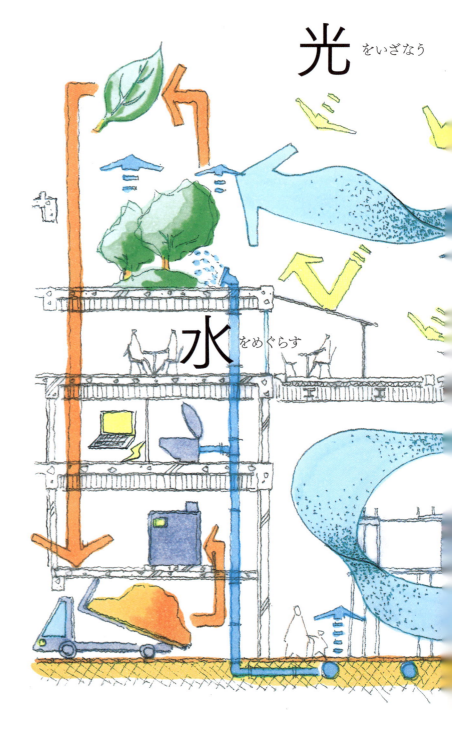

光 をいざなう
水 をめぐらす

人は人生の中で約8〜9割の時間を建築物の中で過ごすといわれているが、
そんな私たちの身近にあるのが、光、熱、風、水、音といった環境である。
この常に変化し、とらえどころのない環境は、どんな手順でデザインすることができるのだろうか？
ここでは特に初期設計に絞って、建築や設備のデザインに生かすことのできる手順や発想のポイントを
優れた建築環境デザインの例とともに、できるだけ平易にまとめた。

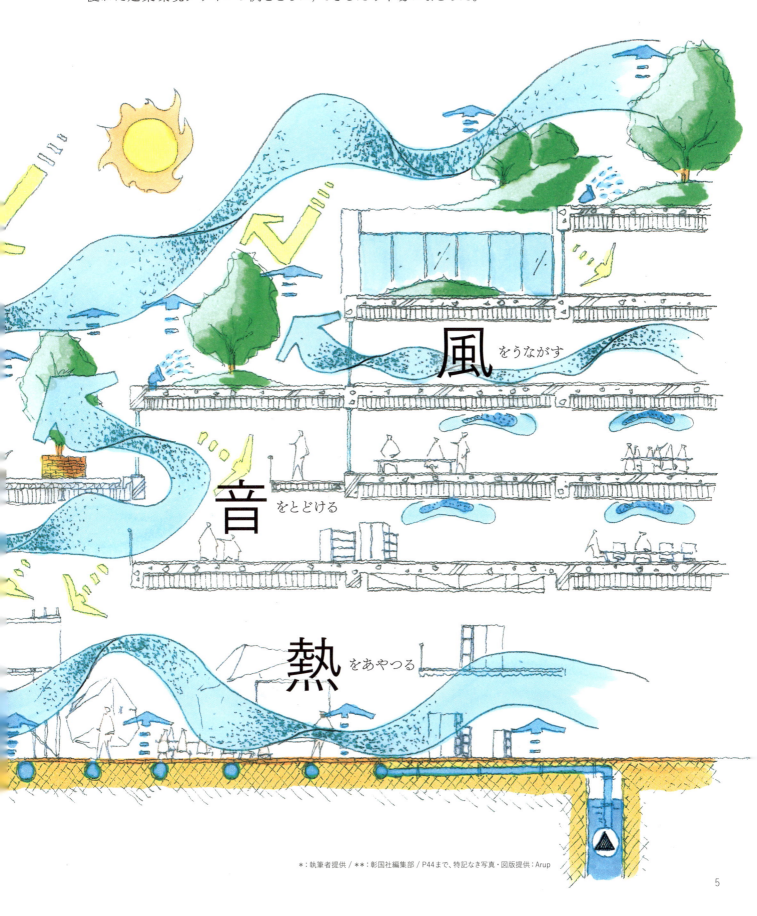

＊：執筆者提供／＊＊：彰国社編集部／P44まで、特記なき写真・図版提供：Arup

step 1 気候を読む

まず計画地付近の気象データを収集，分析することから建築環境デザインは始まる。国内の気象情報では「拡張アメダス気象データ」がよく知られているが，これは専用プログラムで読み込むことができるほか，同時にEPW（EnergyPlus Weather Data）フォーマットのファイルも用意されており，気象データの分析から環境シミュレーションまで広く利用されている。

気象データを読み込む

EPWフォーマットの気象データは「拡張アメダス」（有料）のほか，「EnergyPlus」やCBEが公開する「Clima Tool」，「Climate.OneBuilding.Org」などのウェブサイトから無料で入手することもできる。Rhinoceros+Grasshopperのプラグインである「Ladybug+Honeybee」などを使って，気象データを詳しく分析することができる。「WeatherShift」（有料）では、EPWファイルを使って将来予測値に変換することができる。

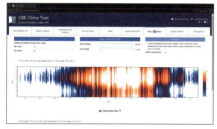
自然換気が可能な期間を可視化したヒートマップ
（出典：Clima Tool）

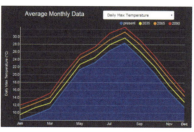
将来の年間外気温予測図
（出典：WeatherShift）

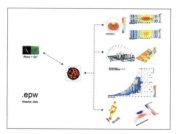
Ladybug+Honeybeeを使った気象データ分析
（Rhinoceros+Grasshopperプラグイン）

外気温から熱を読む

空調負荷が最大となる夏や冬のピーク値を読み取ったり，自然換気が有効な時期の見極めを行ったりする。また，気候変動に影響される将来予測外気温をふまえた設計も，近年需要が高まっている。

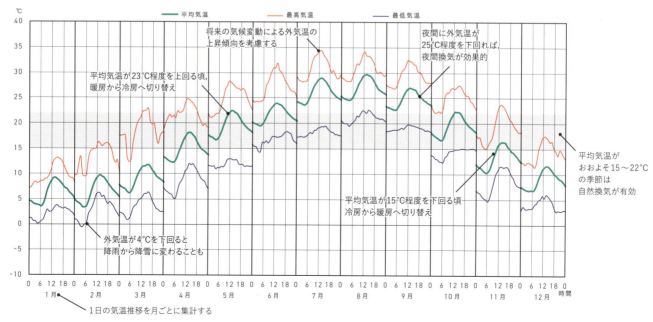

年間外気温グラフ

外気温湿度からもっと詳しく熱を読む

Clima Toolを用いて，さらに詳細に分析する。特定の期間の温湿度状態（1時間ごと）を空気線図（Psychrometric chart）上にプロットし，さまざまな環境制御手法が適用できる可能性やその期間を探る。

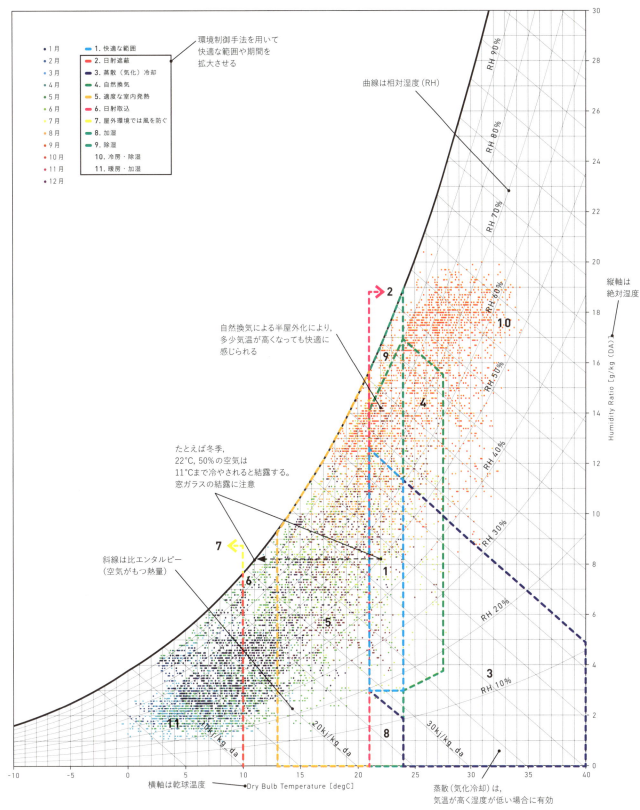

空気線図（1時間ごとの外気温湿度をプロット）

風向や風速から風を読む

風配図

風が吹いてくる方角の頻度分布を示した図。特に頻度が高い風向からの風を「卓越風」と呼ぶ。地域によってさまざまな性質をもった風が現れ、その特徴を知ることは建築設計にとって重要である。

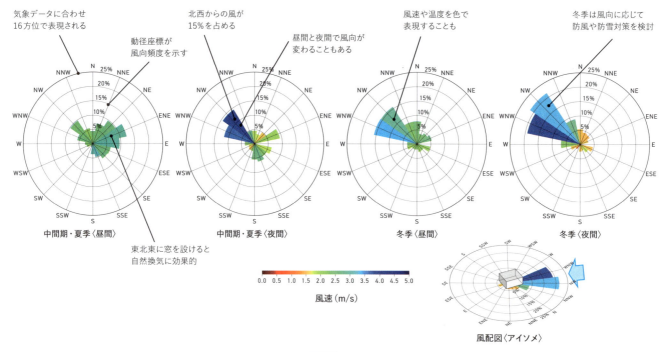

風速

局所風（地方風）などによって風速の大きい季節は防風対策や防雪対策が必要。一方風速の穏やかな中間期には、風力（水平）換気や重力（上下温度差）換気などの自然換気が提案できる。

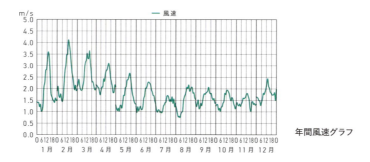

年間風速グラフ

降水量から水を読む

年間を通じ安定した降水量が見込める地域は雨水利用が提案できる。一方で近年、過去に経験したことのない豪雨も各地で出現している。気象データだけに頼らず、大幅な余裕を考慮した雨水排水計画や、浸水、漏水の対策を。

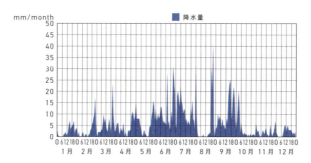

年間降水量グラフ

太陽軌道から光を読む

太陽軌道図

各季節・各時間帯に太陽がどの方角・高度にあるかを示した図。各時刻の温度や日射量によって色分けしたり，周辺の障害物をマッピングすることもできる。（Rhinoceros＋GrasshopperのプラグインであるLadybug＋Honeybeeを利用）

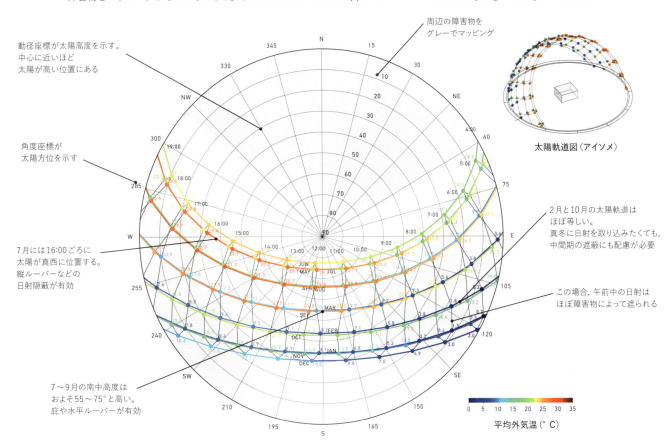

日照時間（日射量）から光や熱を読む

自然採光や日射遮蔽に対する要求を整理するほか，年間を通して安定した日照時間や日射量を得られる場合は太陽光発電が，冬季でも高い日照時間が期待できる場合は太陽熱温水パネルも有効。

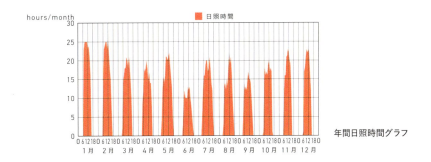

人々の言葉（言い伝え）から風土を読む

その地の気候を知ることができるのは気象データからだけではない。地元に伝わる格言や言い伝え，古くから人々が寄り添ってきた感覚に耳を傾け，建築環境デザインに反映させることは，利用者の満足度を上げるためにも重要なポイント。

弁当忘れても傘忘れるな（北陸や山陰地方の言い伝え）

かかあ天下と空っ風（群馬県上州の言い伝え）

step2 与条件を捉える

建物のライフサイクルでの費用は，建設費に比べ一般的には4～8倍といわれており，建物寿命が延びるほど，運用時の費用が増加する。長寿命，高性能な設備機器の採用に加え，機器に頼らず自然の力を上手に利用して光熱水費や修繕・更新費を削減する工夫が重要となる。

建築環境デザインの計画初期で押さえておくべき重要なポイントには，以下のようなものがある。

- クライアントによる要求性能の収集と整理
- 類似施設事例の収集
- 敷地に接続可能なインフラや未利用エネルギーの調査
- 法規，条例に関する調査
- 建設費や運用費の試算と分析

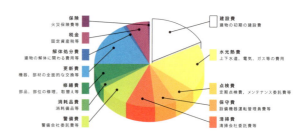
建物のライフサイクルコスト構成例

step3 周辺と調和する

中気候，小気候にあたる範囲の気象データに加え，計画地を取り巻く小さな範囲（微気候）の環境を詳しく読み解いてゆく。たとえば特殊な地形の中にあったり，周辺に建物が密集していれば，敷地での風向きや風速，日照は大きく左右される。また，周辺の空気質や騒音も，空調や自然換気計画に影響を与えることがある。一方，自身の建物が周囲環境に与える悪影響を最小限にすることも，建築環境デザインにとってたいへん重要である。

通風

周辺地形や建物の影響を受ける風向や風速の変化を知り，自然換気や，ビル風，積雪などへの影響を探る。CFDによる検証が有効。

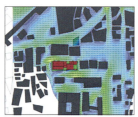
左：CFDによる風況分析図
右：Wind Tunnelによる簡易な風況分析

日照・日影

日影規制による建築制限だけでなく，どんな時間に日照（直射光）が得られる（得られない）かを分析し，自然採光や太陽光発電，太陽熱温水利用の採用可能性を探る。

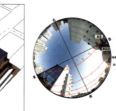
日影図　　　　　　　　　　天空魚眼レンズ撮影

空気質（AQI）

季節によっても変化する空気中のPM2.5など大気汚染物質を分析し，機械換気や自然換気への影響を探る。

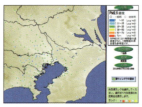
環境省大気汚染物質広域監視システム「そらまめ君」

騒音

外装の遮音性能に加え，屋外（半屋外）空間の配置，自然換気窓や外気の取入れ口などへの影響を探る。

「全国自動車交通騒音マップ」
（出典：国立環境研究所「環境展望台 環境GIS+」）

step 4 背景からつかむ

環境デザインの基となる情報は気候やインフラだけではない。プロジェクトごとに固有に存在する事情や背景から素材を見つけ，建築環境デザインに結びつけることは，将来にわたりクライアントや利用者に愛され，サステイナブル（持続可能）な建築をつくるためにたいへん有効である。

風景

MIZKAN MUSEUM
古くは周辺の風景として親しまれた煙突を，環境制御装置（ソーラーチムニー）としてよみがえらせる方法を検討し（上図），再び愛される風景を次代につなぐことを試みた。

歴史

ONOMICHI U2
約80年の歴史をもつ海運倉庫を，商業・宿泊施設にリノベーションした。屋根孔や搬入口を自然採光や自然通風に利用し，屋内レイアウトと機能的に連携させた（P156）。

資源

横浜市港南区総合庁舎
計画地近くの市営地下鉄駅舎に自然発生していた400㎡/日の湧水を新庁舎へ送水し，冷暖房熱源や雑用水として多段階に活用した。

step 5 環境性能を定める

環境性能を定量的な手法で評価することは，捉えにくい建築環境デザインを可視化し，クライアントや社会へ伝えるための重要な手段である。

CASBEE（建築環境総合性能評価システム）

建築物の環境に対するさまざまな側面を客観的に評価する（「建築物の環境品質（Q）」と「建築物の環境負荷（L）」）ことによって総合的な環境性能を評価する。自治体によっては，地域性を反映した独自の評価基準を加えているところもある。海外で運用される同様の評価手法では，LEED（米国），BREEAM（英国）などがよく知られている。

CASBEEの認証マーク（出典：「CASBEE建築評価認証」住宅・建築SDGs推進センターウェブサイト）

BELS（建築物省エネルギー性能表示制度）

国土交通省が定めた「建築物の省エネ性能表示のガイドライン」に基づく第三者認証制度の一つで，基準となる同じ計算法に則って一次エネルギー消費量を算定する。新築と既存建物の双方を対象に，一次エネルギー消費量を基にBELS実施機関が省エネルギー性能を客観的に評価し，5段階の星マークで表示する。

ZEB（ネット・ゼロ・エネルギー・ビル）

建築物における一次エネルギー消費量を，建築物・設備の省エネルギー性能の向上，エネルギーの面的利用，オンサイトでの再生可能エネルギーの活用等により削減し，年間の一次エネルギー消費量が正味（ネット）でゼロ，または概ねゼロとなる建築物。「ZEB」「Nearly ZEB」「ZEB Ready」「ZEB Oriented」と評価される。

BELSの表示マーク

ZEBの認証マーク

step 6 コンセプト・ディベロプメント

さまざまに調査，収集，分析してきた情報を基に，包括的な建築環境デザインの方向性を議論してコンセプトに収斂させる。スケッチやダイアグラムを使ってわかりやすく，そして親しみやすく表現することは，クライアントや設計チーム全体でその方向性を共有するための効果的なプラットフォームとなる。

光と風が交わり，水や緑がめぐる
サステイナブル・キャンパス

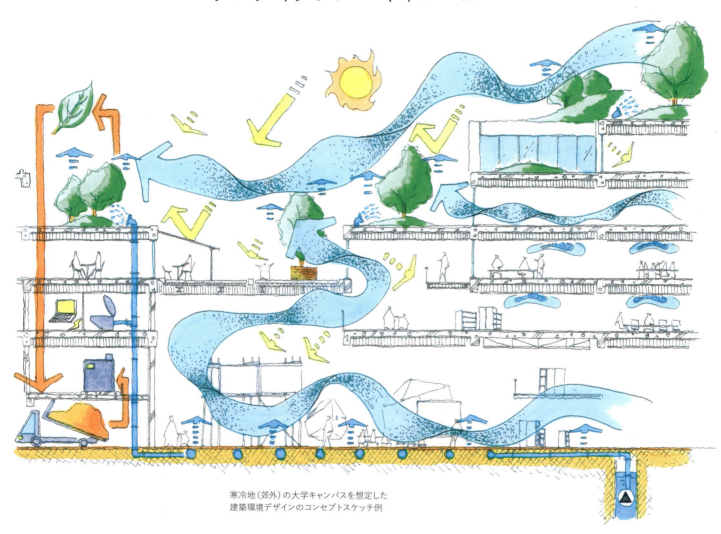

寒冷地（郊外）の大学キャンパスを想定した
建築環境デザインのコンセプトスケッチ例

光

年間を通じて短い日照時間を背景に，建物を分棟・分節化したうえで，ライトシェルフや高反射性の仕上げ材を組み合わせ，四周から指向性の少ない安定した自然採光をうながす。

熱

長く寒い冬を快適に過ごすため，応答性に優れた床吹出空調を各教室に，屋外環境に近く，居住域の温冷感を穏やかに整える床放射冷暖房をロビーに計画する。

風

春や秋に現れる明瞭な卓越風向を利用した水平換気（クロスベンチレーション）に加え，風向に呼応した分棟配置は，キャンパス内のみにとどまらず周辺街区にまで穏やかな通風をうながす。

水

地域で豊富な地下水を採水し，地下水ヒートポンプを通じた冷暖房熱源として利用した後，雑用水，灌水，水景，消雪へと多段階にそのポテンシャルを利用し尽くす。

音

騒がしくなりがちな吹抜け大空間に吸音材を施し，賑わいをほどよく残し互いのアクティビティを感じさせる。反対に，静けさを要する室は遮音で区画する。

街に潤いを与え，高度に環境を操る
グリーン・スカイスクレイパー

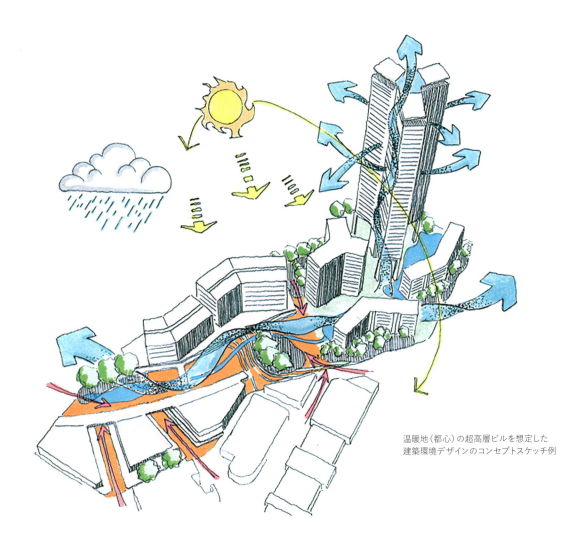

温暖地（都心）の超高層ビルを想定した
建築環境デザインのコンセプトスケッチ例

光

ダブルスキンファサードによって常に安定した採光と精度の高い日射制御を両立したオフィス。一方，奥行きの深いバルコニーが適度な日射遮蔽と明るさの移ろいを室内に映すレジデンス。

熱

デシカント（潜顕熱分離）空調がオフィスでの高い快適性と省エネルギーを両立させる。高効率チラーや大温度差送水，異なる用途をまたいだ熱融通がシステム効率を高め，都市のヒートアイランド抑制にも貢献する。

風

超高層の建物自身を利用した重力換気（ソーラーチムニー）は，屋外風の乱れやすい高密度都市でも常に安定した自然換気を実現する。

水

広い屋根や壁面から集水できる豊富な降雨を濾過滅菌し，雑用水や水景用水として利用する。屋外に点在する池（クールポンド）や豊富な植栽は地域に潤いを生み出し，夏季の気化冷却をうながす。

音

室内に対しては，航空機や高速道路などの都心部の騒音を面ごとに予測し，静けさを確保する。周辺街区に対しては，騒音の遮蔽体となれる形状や配置をとる。

光をいざなう

1. 自然採光

室内の視環境を調節するため，古くから自然採光は用いられてきた。
それは単に明るさを確保するだけでなく，たとえば天候や時刻によって
時々刻々と変化する自然光を屋内に映し続ければ，時間や季節の移ろいを空間に演出することもできる。
つまり自然採光は，生理的・心理的にも人々の健康に対し重要な役割を果たす。

太陽軌道図

季節や時間ごとに異なる太陽の軌道を平面的に表したものが，太陽軌道図である。太陽の位置は太陽の高さ（太陽高度）と太陽の方位（太陽方位角）によって捉えられる。たとえば，9/23 9:00の太陽は日付（9/23）と時間（9:00）の交点に位置し，太陽高度は35度，太陽方位角は−60度と求められる。

太陽軌道図

季節別の太陽の軌道

昼光率

時々刻々と変化する自然光を評価するため，室内の照度と全天空照度の比を取って明るさの指標としたのが「昼光率」である。昼光率は受照点からの窓面の立体角投射率（※）で表される。

全天空照度とは，受照点からその点を取り囲むすべての障害物を取り除いたときの直射日光を除いた全天空による照度のことである。全天空照度を15,000（lx：ルクス）（普通の日）として，推奨照度を満足するように定めた昼光率を基準昼光率という。

受照点の昼光率は，Radianceなどのプログラムを用いて計算するほか，次頁の計算法を用いることで手計算でも求めることができる。

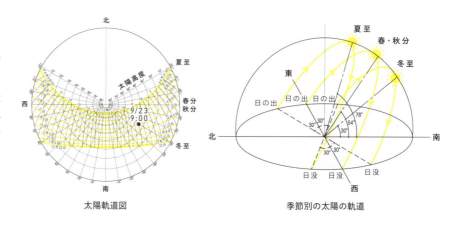

全天空照度

Es：全天空照度

これより上部の建築物の部分を除いた場合の，Es点の照度を全天空照度という

$$D = \frac{E}{Es} \times 100 (\%)$$

D：昼光率
Es：全天空照度
E：室内のある点の水平面照度

Ed（直接入射する昼光）
Er（反射して入射する昼光）
E：室内のある点の水平面照度
$E = Ed + Er$

昼光率

設計用全天空照度

全天空照度（lx）			
明るい日	普通の日	暗い日	非常に暗い日
30,000	15,000	5,000	2,000

（出典：日本建築学会『採光設計（日本建築学会設計計画パンフレット16）』彰国社）

全天空照度15,000 lxを用いた際の昼光率評価表

作業の種別	基準昼光率（%）	作業面推奨照度（lx） 全天空照度は15,000(lx)で計算
歩行	0.1〜0.2	15〜30
倉庫	0.5〜1.0	75〜150
粗な視作業	1.0〜2.0	150〜300
普通の視作業	2.0〜5.0	300〜750
精密な視作業	5.0〜6.7	750〜1,000

（「JIS Z 9110：照明基準総則（2010）」をもとに筆者作成）

※ 立体角投射率：全天空と光源の面積比のことを指す。たとえば，360度水平線が広がっている地上から空を見渡して，すべてが見えれば100%となり，半分しか見えなければ50%ということになる。

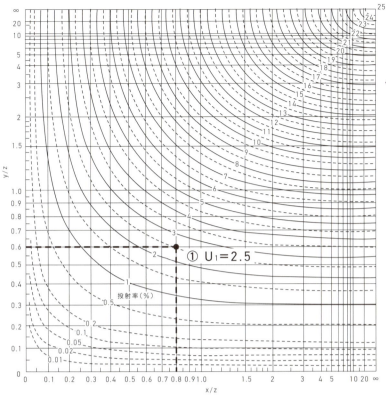

長方形光源の立体角投射率
（垂直窓の場合）

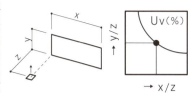

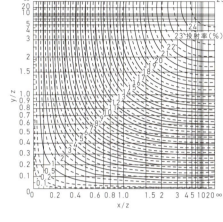

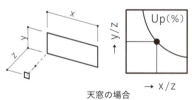

天窓の場合

昼光率の計算法

右図に示した受照点における窓面からの昼光率を求めてみる。

計算に必要な数値だけ抜き取ったものが下の図になる。昼光率は受照点からの窓面の立体角投射率に窓面の透過率を掛けた値で表されるので，まずは上の図から窓面の立体角投射率を求めればよいのだが，この場合そのままでは求められない。

そこで求めたい立体角投射率をU_Aとすると，U_Aは下記の式で表される。

$U_A = U_1 - U_2 - U_3 + U_4$

右下図①について見てみると，

x=4, y=3, z=5 より, x/z=0.8, y/z=0.6 なので，立体角投射率の上の図より $U_1=2.5$（%）と求められる。
同様に②③④についても，

② x=1, y=3, z=5　x/z=0.2, y/z=0.6　$U_2=0.8$（%）
③ x=4, y=1, z=5　x/z=0.8, y/z=0.2　$U_3=0.4$（%）
④ x=1, y=1, z=5　x/z=0.2, y/z=0.2　$U_4=0.1$（%）

と求められる。
$U_A = 2.5 - 0.8 - 0.4 + 0.1 = 1.4$（%）となる。

仮に窓の可視光透過率を80（%）とすれば，昼光率は1.4（%）×80（%）≒1.1（%）と表される。基準昼光率（P14）と比較すると，昼光率1.0（%）以上なので粗な視作業に適した照度が確保できていることがわかる。

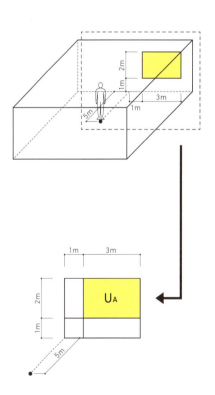

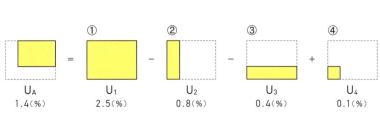

窓形態の種類と自然採光

さまざまな昼光照明装置が開発されている現在でも，主な自然光導入部は窓である。自然光の導入量や明るさのバランスに関係する要素はその「大きさ」「透過性」「設置高さ」「形」などであるが，おおよそ以下のような種類に分類することができる。

床面の光分布（シミュレーション）

側窓

最も一般的な採光手法。
施工，開閉，清掃，補修が容易なうえに，眺望も期待できる。
ただし，床面への均質な照度分布を実現するのは難しい。

両側窓

富岡製糸場**

片側窓

国立新美術館**

頂側窓

主にハイサイドライトと呼ばれ，天窓より雨仕舞が楽で側窓より多くの昼光を導入できる。
一般に，床よりも壁面を明るくしたい場合に用いられる。北に向ければ一日を通じて安定した採光が期待でき，一方，南に向ければ直射光による時間の移ろいをダイレクトに室内に映し出すこともできる。

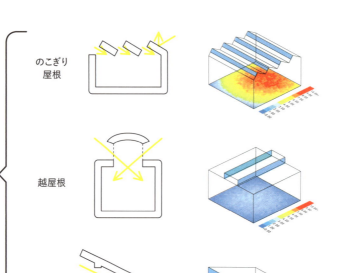

のこぎり屋根

HIOKIイノベーションセンター
（撮影：篠澤 裕）

越屋根

ルイジアナ美術館*

高窓

バウスヴェア教会*

天窓

主にトップライトと呼ばれ，多くの昼光を導入できる。
天空光を取り込む場合，床面の照度分布を比較的均一にしやすいが，室内の温熱環境やグレア（まぶしさ）に影響を与える直射光の制御が重要となる。

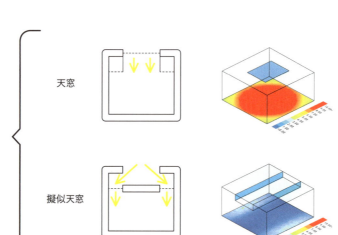

天窓

北上市文化交流センター*

擬似天窓

キンベル美術館
（撮影：大河内学）

直射光の制御法

自然採光は，日射熱取得と表裏一体でもある。過度な日射熱取得を避けるためには，特に直射光成分を遮蔽することが重要である。眺望や採光を確保したうえで効率的に直射光を遮る方法として，以下にその手法例を挙げる。

庇・バルコニー [➡南面○ 東西面×]

太陽高度が高い南面からの直射光を有効に遮ることができるが，太陽高度が低い東西面に対する日射遮蔽は期待できない。

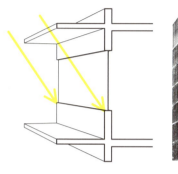

コープ共済プラザ*

ライトシェルフ [➡南面○ 東西面×]

庇を窓高さの中間に設置したもの。南面からの直射光を遮るとともに，庇上面に反射した自然光で天井を明るく照らすことができる。

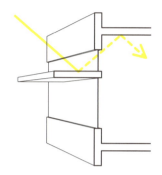

横浜市港南区総合庁舎
（提供：小泉アトリエ）

水平ルーバー [➡南面○ 東西面×]

庇と同様に，南面からの直射光を有効に遮ることができる。

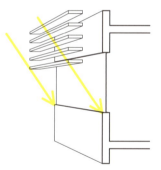

日産自動車 グローバル本社ビル
（撮影：彰国社写真部）

垂直ルーバー [➡南面△ 東西面○]

太陽高度が低い東西面からの直射光を有効に遮ることができる。

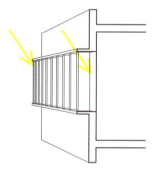

NICCA イノベーションセンター
（撮影：畑 拓）

外付ブラインド [➡南面○ 東西面○]

角度を自動制御することで，全方位にわたって効果的な日射遮蔽を行うことができる。強風など悪天候への対策が求められる。

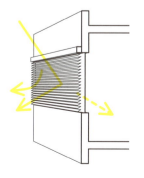

日建設計東京ビル
（撮影：彰国社写真部）

ダブルスキン [➡南面○ 東西面○]

二重ガラスの間に電動ブラインドを設け，自動制御によって日射を効率的に遮蔽する。建設費や維持管理費が高くなる傾向。

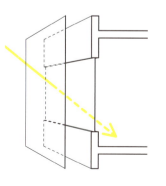

豊洲キュービックガーデン
（撮影：彰国社写真部）

2. 電気照明

直射光や紫外線といった自然光のもつ特性が望ましくない作業や空間もある。
また，高度な制御を加えた効果的な照明設計は，
目的に応じ最適でかつ多様な空間を演出することができる。

資料協力（P18～23）：パナソニック株式会社

明るさの単位

照明の明るさを表す単位には，光のエネルギー量を表したものと，人が感じ取る明るさの感覚まで考慮したものがある。よく知られた「照度」だけでなく「輝度」にも着目することで，より人が感じる明るさを反映させることができる。

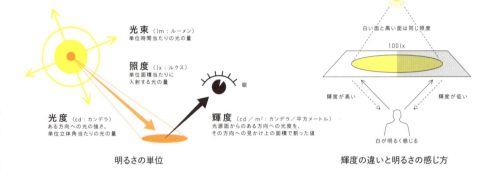

明るさの単位　　　輝度の違いと明るさの感じ方

色温度と演色性

光源の色温度

照明などの光源が発する光の色を表すための尺度が「色温度」で，数値（K：ケルビン）が低いほど暖色系の色を，高いほど寒色系の色を示す。

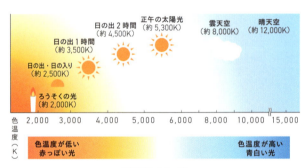

色温度のイメージ

光源の演色性

色の見え方に及ぼす光源の性質のことを「演色性」という。演色性は，Raで示される平均演色評価数を指すことが一般的。Ra100が最高となり，Ra値が高いほど色が自然に見えることを意味する。

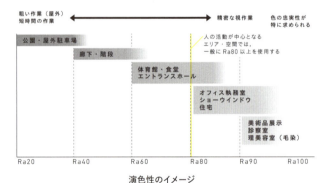

演色性のイメージ

色温度と照度の関係

「色温度」と「照度」の関係により，人が空間から受ける印象が変わる。
電球色などの低い色温度は落ち着いた雰囲気を演出することができ，昼光色の高い色温度は，涼しげで爽やかな雰囲気を演出することができる。

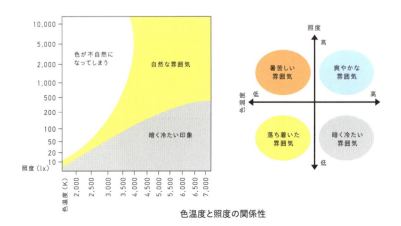

色温度と照度の関係性

光源の種類

LEDとはLight Emitting Diodeの略である。高効率化によって，白熱電球や蛍光灯，メタルハライドランプといった従来光源を置き換え，施設用ベースライトをはじめ，道路照明や防犯灯，投光器など広い分野で用いられている。

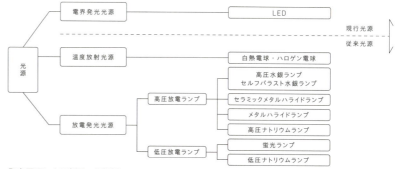

発光原理による光源の分類例

LED

長寿命で省電力で，高輝度。赤外線や紫外線が少ないので，変退色が少ない。白色，色光を選ぶことができ，調光・点滅が自在なので演出照明にも使われる。

白熱電球

フィラメントを高温度に加熱させ，その熱放射によって可視光線（光）を発生させる。演色性が良く，温かみのある光色。ただし，発光効率が低く，熱放射が大きい。寿命が1,000～2,000時間と短いが，調光するとランプ寿命が延びる。

蛍光ランプ

電極が放電した熱電子が水銀原子と衝突することにより生じる紫外線が，ガラス管の蛍光体に当たることで可視光線（光）が発生する放電灯の一種。放電現象を引き起こすための電流を制限する安定器が必要となる。高効率で寿命が比較的長く，発光面積が大きいので，影の少ないフラットな光を得ることができる。

高輝度放電ランプ（HID）

光束が大きく，高効率で寿命が比較的長いため，大規模空間で広く使われる。安定器が必要で，点灯してから安定光量になるまで5～15分程度の時間を要する。

配光と照明効果

全般照明や局部照明に使用されるダウンライトは，同じパワーの器具でも配光によって照明効果は大きく異なる。狭角配光は直下照度が強いため，取付け間隔を狭くするか高天井の空間でなければ，床面での光のパターンが生まれ，コントラストの強い空間ができる。それに対し，広角配光は直下照度を抑え光を広げているため，器具の取付け間隔をあけても，床面や机上面で高い照度均斉度を得やすい。ただ，壁際にダウンライトを配置する場合は，「スカラップ」と呼ばれる光の波紋模様が与える視覚的パターンも考慮する。
拡散配光は床面も鉛直面も全体的に明るく均一な光を得られるが，器具の発光面が目立ち，まぶしさを生じる恐れもある。
遮光角（カットオフ・アングル）とは，照明器具で光源が目に入らない限界線と器具の水平線との角度のこと。遮光角が大きいほど器具に近づいても光源が見えにくく，まぶしさを抑えられる。

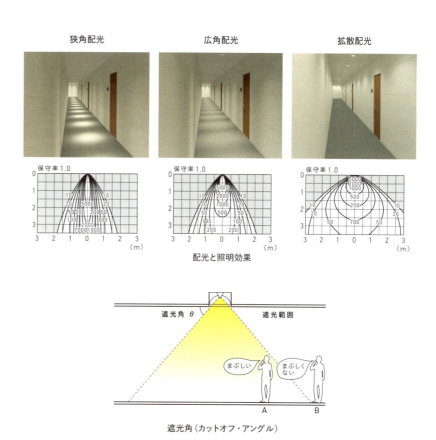

配光と照明効果

遮光角（カットオフ・アングル）

明度バランスによる印象の違い

人が空間で感じる「明るさ感」は，照度とは必ずしも一致しない。つまり空間を明るくしようと採光量や照明の数を増やしても，対比や反射率の影響で明るさ感の向上につながらないこともある。明るさ感を計画する際には，人の目に入る光の量，つまり明るさの対比をもたせるような空間や，暗さと明るさのバランスを計画することが重要となる。

出典：Architectural Lighting Design, Third Edition, Gary Steffy, Wiley

床面を強調
落着きのある，非日常的でドラマティックな光環境を創出。

壁面を強調
明るさ感を高め，奥行きや心地のよい印象を与える。

天井を強調
高く，開放感のある空間として演出。

床と壁面を強調
床面と鉛直面に比重を置くことで，重厚感のある空間を演出する。

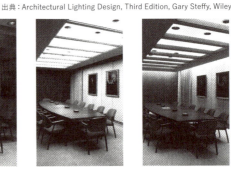
天井と壁面を強調
空間の明るさ感が増し，開放感のある空間を演出する。

全体をバランスよく
床，壁，天井全体を照明することで，フラットで明るい印象をもたらす。

材料反射率

天井，壁，床の反射率（明度）は室内の明るさを決定するのに重要な要素である。なお，窓が計画された室の場合，夜間はそれが室内環境を映し込む黒い壁となるので，光環境デザインには注意が必要である。

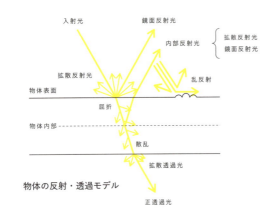

物体の反射・透過モデル

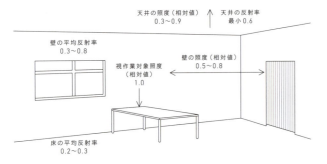

室内各面の反射率と相対照度の推奨値
（CIBS CODE 1984）

（出典：『建築学大系 22 室内環境計画』建築学大系編集委員会編，彰国社）

作業面の推奨照度

照明設計においては多様な視覚効果や照明要素を考慮する必要がある。右下の表は，一般的な作業面照度の平均値をまとめたものであり，作業面は作業の種類により，水平面や鉛直面を対象とする。また，室の種類や作業内容によって，照度均斉度にも注意を払う。

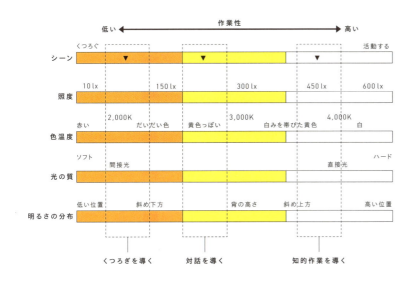

作業性と照明要素の相関
(出典：『NA選書 照明ガイド』日経アーキテクチュア編，日経BP)

作業面推奨照度

作業面推奨照度 (lx)	照度範囲 (lx)	作業または行動の例
2	1～5	防犯（最低），深夜の病室・廊下
5	2～10	歩行（最低）
10	5～20	歩行
20	10～30	屋外（通路，構内警備用）
30	20～50	荷積み，荷降ろし
50	30～75	収納庫
75	50～100	車庫，非常階段
100	75～150	ごく粗な視作業，時折の短い訪問，倉庫
150	100～200	作業のために連続的に使用しない所
200	150～300	粗な視作業，継続的に作業する部屋（最低）
300	200～500	やや粗な視作業
500	300～750	普通の視作業
750	500～1,000	やや精密な視作業
1,000	750～1,500	精密な視作業
1,500	1,000～2,000	非常に精密な視作業
2,000	1,500～3,000	超精密な視作業

備考：照度範囲300～750は300(lx)以上750(lx)以下を示す。この場合の推奨照度は500(lx)である

(出典：『照明ハンドブック』照明学会編，オーム社)

タスク・アンビエント照明

従来の照明では，天井に均一に配した照明器具によってタスクに必要な全体照度を確保していたのに対し，「タスク・アンビエント照明」とは，タスクとアンビエントそれぞれ専用の特性を有する照明設備を併用して照明する方式。この方式はオフィスだけでなく，各分野で広く活用することができる。社会構造の複雑化やニーズの多様化など社会状況の変化や進展に伴い，光環境も均一なだけではなく，それぞれの作業の目的や動作に適したフレキシブルな環境づくりが必要とされてきている。また，各施設において時間の推移ごとに変化する作業や動作形態にも対応することで，省エネルギーにも寄与する。

時間推移に伴う変化

オフィス	朝会→就業→昼食→就業→残業→終業など作業の変化。会議や出張などの離席により生ずる必要空間の変化
工　場	多品種少量生産により生ずる作業動作の変化。自動生産機械の定常稼働に対するチェック作業や機械保全作業への変化
店　舗	来店者数の多少や客層（年齢・性別）の変化
住　宅	くつろぎ，だんらん，食事，就寝など生活行為の変化

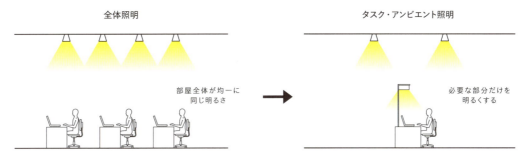

全体照明（左）とタスク・アンビエント照明（右）

建築化照明の手法

建築化照明とは，建築物の一部として天井や壁などに照明器具を組み込み，あたかも建築部材そのものが照明装置であるかのように表現する方法である。光源を直接見せず，壁面や天井を照らすことで空間を明るく感じさせ，またグレア防止になるなどの効果もある。

建築化照明を計画する際に注目すべきこととして，以下のような点が挙げられる。演出する照射面の仕上げ（光の透過率や反射率）によっても照明効果は大きく変わる。ツヤ仕上げは意図せぬ反射や映り込みを引き起こす。白色や明るい色ほど反射率が大きく，明るさ感を高めやすい。また，光天井や光壁は，照射面の透過率や開口率などに注意する。

天井を照らす

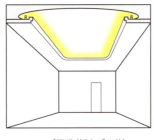
コーブ照明（折上げ天井）

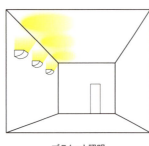
ブラケット照明

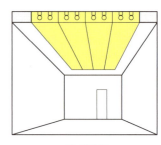
光天井照明

壁面を照らす

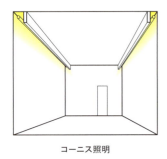
コーニス照明

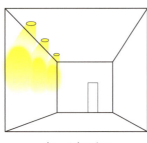
ウォールウォッシャダウンライト

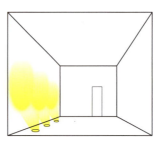
アップライト照明

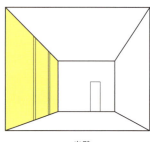
光壁

床を照らす

ダウンライト照明（天井埋込み）

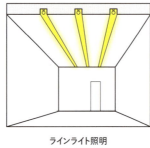
ラインライト照明（天井埋込み）

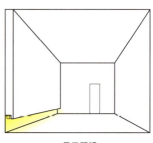
足元照明

照明制御

照明設計は、3次元空間の照明効果だけでなく、時間軸や昼光の有無などを考慮した制御を行うことで、よりサステイナブルで豊かな空間演出が可能になる。

器具の調光・非調光を確認したうえで、人感センサや昼光センサ、タイムスケジュールといった自動制御機能と組み合わせた運用計画も重要。

時間変化と照明のシーン制御

特にLED照明の場合、照射対象物の特徴に合わせて照明したり、光色を混ぜたりすることが容易で、コンパクトな一つの照明器具で複数の光色を時間やその時の気分で照射し、空間の印象を変化させることができる。

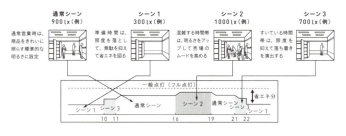

スーパーマーケットの例

コンビニエンスストアの例

人感センサ調光

化粧室、ロッカールームなどで用いられる。人を検知して点灯し、消し忘れを防止するため、確実に省エネルギーを実現する。

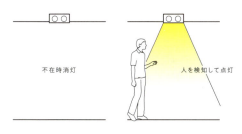

人感センサ調光イメージ

人感・昼光センサ調光

離席率の高いオフィスや就業時間外などで用いられる。不在時は積極的に調光し、さらに省エネルギー。照明器具の調光範囲内で下限を任意に設定できる。

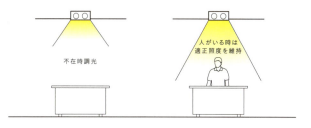

人感・昼光センサ調光イメージ

昼光センサ調光

人の移動の少ないオフィスなどで用いられる。外光の明るさを検知して調光し、適正照度を確保しながら省エネルギーを実現。ランプ交換時の照度アップを自動的に抑制し省エネルギーを実現する。

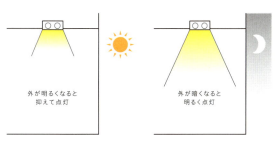

昼光センサ調光イメージ

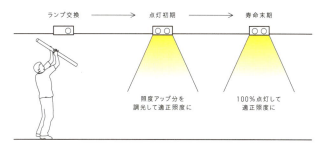

適正照度設定イメージ

3. 光の特性と建築デザイン手法

光や音，熱，風といった環境要素は，
感性に直接訴えるエンジニアリング要素である。
時に極めて高い専門性が求められる一方で，
感性で把握することができる身近な存在でもある。
そのため，この領域は常に建築家とエンジニア双方にとってのデザイン領域だった。
今日ではシミュレーションや可視化技術，評価手法が発展し，
それらに必要なハードやソフトが従来より安価に手に入るようになったことなどにより，
建築家自らがデザインとエンジニアリングの双方を横断的に扱うことも可能になりつつあるが，
シミュレーションによって導き出された結果を具体的に想像し，
身体感覚で捉えながらリアリティをもって評価するためには，
知識の習得と経験の積み重ねが必要となる。
また，高度な知識をもったエンジニアとの間では，より創造的な協業が求められている。
環境要素の中でも，特に光は印象に大きく影響を及ぼすことから，
建築の中心的なテーマとして扱われることも多く，
機能的な側面から印象的な側面までデザインの幅が広い。
この広がりを，いくつかの切断面で見てみたい。

❶ 自然光／照明

光量が多く変化する自然光と，人工的なコントロールが可能な照明を場所によって使い分ける，またはブレンドする。

使い分ける

ロヴァニエミ図書館（左）
トップライトからの自然光を室内に柔らかく取り込む。光束の大きい直達光が降り注ぐ範囲は吹抜けまわりの動線に限定し，書籍や机には直達光が当たらないようにしている。

ブレンドする

池袋第一生命ビルディング（右）
エレベーターホール脇に設置されたエコボイドは，自然光と色温度の低い人工光がブレンドされ，時間の経過とともに双方の光の割合が変化することで色温度が変わり，人の生態的なリズムに呼応した光環境を生み出している。

撮影：大野繁（左），ミヤガワ（右）

❷ 取り込む／遮る

外光は，たとえ曇りの日であっても水平面照度を測定すると1,000lx以上となる。外光を遮る，透過させる，あるいは反射させて取り込むなどにより明るさを調整する。

撮影：Reinhard Gorner

反射させて取り込む
旧神奈川県立近代美術館（右）
水面に反射させた光を軒裏に当てることで，水面の揺らぐ様子を建築空間に取り入れている。

透過させる
ベルリン自由大学図書館（左）
半透明の膜で覆われ，自然光に柔らかく包まれた空間が生み出されている。

❸ 発光／反射

発光するものと反射するもの，いずれかがないと人は光を知覚できない。

発光する
式年遷宮記念せんぐう館（右）
天井面全体が発光しており，照明が建築空間の一部として機能している。

照射する
ラ・トゥーレット修道院（左）
人工照明が壁面や天井面の粗い表面を照らし，空間に柔らかい印象を与えている。

撮影：彰国社写真部

❹ 存在感に富む光／存在感を消して溶け込む光

光自体に特徴をもたせて主役になる，あるいは光源の存在感を消して建築を引き立てる。

存在感に富む光
サン・ピエール教会（左）
壁面に穿たれたランダムな開口によって，特徴的な光のパターンが生み出されている。

存在感を消して溶け込む光
セラルヴェス現代美術館（右）
光源が巧みに隠され，光が空間に溶け込んでいる。

❺ 光の形態

ヴォリューム／面／線／点

面的な光は建築の構成の一部となり場を生み出し，線は建築のエッジや境界を際立たせ，点光源は建築の素形を際立たせるなど，光の形態によって建築との多様な関係性が構築される。

面
根津美術館（右下）
光が建築的な構成に取り込まれ，発光面によって場を生み出している。

線
江之浦測候所（右上）
ライン状の照明が，ランドスケープのエッジを際立たせ，人を建物へと誘う。

点
コロンバ美術館（左上）
建築から切り離されたミニマルな点光源が，建築の素形を際立たせる。

撮影：彰国社写真部（下）

❻ 全体／部分

全体と部分の関係性は，建築のデザインと同様に大切なテーマである。自然光と照明，タスク照明とアンビエント照明等を，空間の位置付けに沿って計画することで，デザインコンセプトを強化することができる。

タスクとアンビエントを切り分ける

アヴェイロ大学図書館（左）
アンビエントは北側に向けられたトップライトで均斉に照らされている。一方で，机上のタスク照明は，個人が自由に点灯することができる。

タスクとアンビエントを切り分けない

ブックマウンテン（右）
空間全体の明るさを確保する光をそのまま作業用としても利用している。

❼ 印象

重い光／軽い光

光によって，重さや軽さを表現することもできる。彫りの深さや素材によって陰影がつけられると重厚感が増し，陰の少ない白い空間は軽い印象を与える。

重い光
ブリオン・ヴェガ（右）
凹凸に富んだ重層的な空間に，光を限定的に取り込むことで，奥行きと重厚感を生み出している。

軽い光
サン・ジョルジョ・マッジョーレ教会（左）
エッジを消したなめらかな表面に光を全面的に照射することで，建築の重さを感じさせない空間としている。

静的な光／動的な光

外光の量や，その取り込み方により，静的，動的な印象を生み出す。

撮影：Nigel Young/Foster and Partners

静的な光
St. Benedict's Abbey（左）
自然光を側面より間接的に取り入れることで，静的な空間をつくり出している。

動的な光
ドイツ連邦議会新議事堂（右）
屋上ドームに設置された採光装置は，下部の議事堂まで光を落とし，移ろう自然光を最大限取り入れた動的な建築となっている。

暖かい光／涼しい光

光は明暗以外の印象を形成することができる。色温度や輝度対比は，温熱感にも影響を与える。

暖かい光
ユニティ・テンプル（左）
暖色系の照明が空間を包み，落ち着きのある暖かい印象を演出している。

涼しい光
聴竹居（右）
暗い室内から見る鮮やかな庭の緑は，夏において涼しさを演出する。外部と内部の輝度対比が室内を涼しく見せている。

以上，光の特性とデザインについて，七つの視点を基に，いくつかの事例を挙げた。光環境は，その特性を生かしながらデザインコンセプトや空間イメージと一体になるように計画することで，建築の可能性を最大限引き出すことができる。これらの作品から，そのディテールに至るまでの工夫の痕跡を読み取っていただければ幸いである。

熱をあやつる

熱は人の快適性に直結する要素であるとともに，その操作には大きなエネルギーを要する。
また，光や風，水などの他の環境要素は，すべて熱の移動を伴う。
熱をあやつるということは，ひいては環境をあやつるということと同義となり得る。

空気線図から詳しく熱の変化を読む

空気線図を使うと，その空気の状態（乾球温度，湿球温度，露点温度，絶対湿度，相対湿度，水蒸気分圧，比エンタルピー，比容積）を一目でつかむことができる。するとその空気を快適にするためにどんな手法が有効か（P7参照），また冷却や加熱，除湿，加湿といったプロセスによって空気がどう変化し，どれくらいエネルギーが必要か知ることができる。

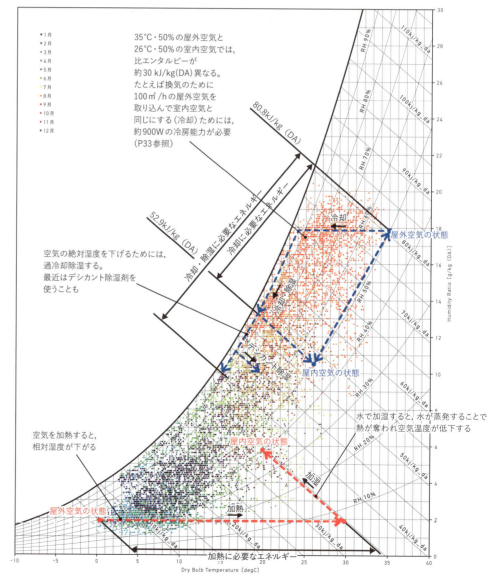

空気線図（1時間ごとの外気温湿度をプロット）と空気の状態変化

熱の伝わり方
——対流・放射（輻射）・伝導

熱の移動には「対流」「放射（輻射）」「伝導」の3種類が存在する。

対流とは，気体や液体などの流体と一緒に熱が移動する現象をいう。風が吹くと涼しく感じるのは，この対流によって体表面の熱が空気に奪われる（放出される）からである。

放射（輻射）とは，空気などを介さず，電磁波によって物質と物質の表面間で直接熱が移動する現象をいう。ストーブの前に立つと暖かく感じたり，冬季に窓ガラス近くでひんやり感じたりするのも放射による。

伝導とは，直接触れている物質同士の温度の違いによって，高温のものから低温のものへ熱が移動する現象をいう。ストーブに手で触れると熱かったり，床暖房の上に寝転ぶと暖かいのは伝導によるためである。

これら三つの現象を適材適所に利用し，建築・空気・人の間を移動する熱を上手にあやつることが，熱環境デザインの重要なカギとなる。

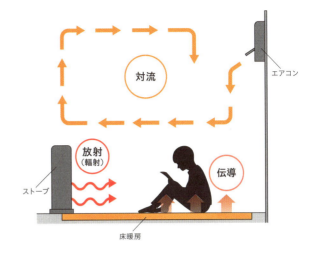

熱の伝わり方のイメージ
（出典：（株）ソフトウェアクレイドル 技術コラム「流体解析の基礎講座」）

断熱と遮熱

この対流や放射（輻射），伝導によって建物の内と外を移動する熱を小さくすることも，屋内の快適性を高めるための大切な要素である。そのためにまず，よく混同される断熱と遮熱の違いを正しく理解することが，適切な対策へとつなげるために重要である。

断熱は，壁の内部を伝導する熱の量を小さくするためのもので，冬は室内の熱を逃がさず，夏は室内に熱を入れさせない役割を担う。一方で遮熱は，主に窓ガラスが透過したり吸収したりする日射量を減らし，室内への熱の侵入を防ぐことで，夏季の対策として重要である。

断熱
壁や窓を伝わる熱の量を小さくする。

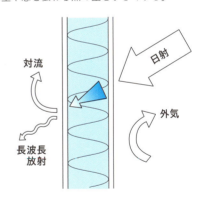

遮熱
太陽による日射が室内に入る量を小さくする。

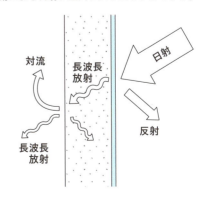

断熱と遮熱の熱の伝わり方のイメージ

熱の感じ方と体感温度指標

人が感じる温冷感には，単に温度や湿度だけでなく，さらに多くの要因が複雑に影響している。具体的には，気温・湿度・放射・気流の環境側4要素と，着衣量（clo）・代謝量（met）の人体側2要素を合わせた計六つのパラメータが関係しており，その複合効果を評価する方法が環境設計に利用されている。

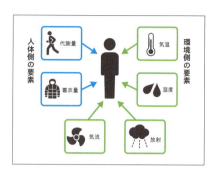

人が感じる温冷感に影響を与える6要素

着衣量（clo）の目安

着　衣	clo値
半袖＋半ズボン	0.3
シャツ＋ズボン	0.5
ジャケット＋ズボン	1.0
コート＋スーツ	2.0

※1 clo＝0.155 m²℃/W

代謝量（met）の目安

活　動	Met値
安静時・睡眠時	0.7
椅子に腰掛けた状態	1.0
通常の事務作業	1.2
歩行時（4.8 km/h）	2.6
運動時（テニス）	3.8

※1 met＝58.2 W/m²

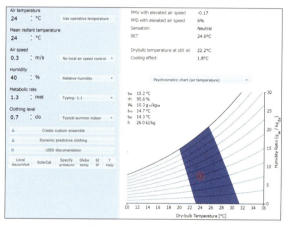

CBE Thermal Comfort Tool
インターネット上で6要素を入力すると自動でPMVやSET*を計算してくれる

PMV（Predicted Mean Vote）
予想平均温冷感申告

温冷感6要素（気温・湿度・放射・気流・着衣量・代謝量）をもとに，大多数の人が感じる温冷感の平均値を示す。ISOの推奨値は－0.5＜PMV＜＋0.5。この範囲でPPD（ある状態のときに何%の人が不満足かを表す）＜10%となる。

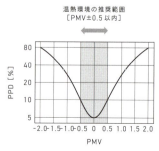

PMV	温冷感	PPD
+3	暑い	99%
+2	暖かい	75%
+1	やや暖かい	25%
0	中立	5%
-1	やや涼しい	25%
-2	涼しい	75%
-3	寒い	99%

PMVとPPDの関係

SET*（Standard New Effective Temperature）
標準新有効温度

温冷感6要素（気温・湿度・放射・気流・着衣量・代謝量）をもとに，気流のない相対湿度50%の場合と同じ体感となる気温で表す。

標準新有効温度（SET*）と温冷感，生理学的状態の関係

SET*［℃］	温冷感	生理的状態
＞37.5	非常に暑い，非常に不快	体温調節ができない
34.5～37.5	暑い，許容できない	おびただしい発汗
30.0～34.5	暖かい，不快	発汗
25.6～30.0	やや暖かい，やや不快	軽い発汗，皮膚血管拡張
22.2～25.6	快適，許容できる	中性
17.5～22.2	やや涼しい，やや不快	皮膚血管収縮
14.5～17.5	涼しい，許容できない	軽い体冷却
10.0～14.5	寒い，非常に不快	ふるえ

(D.A.McIntyre, Indoor Climate, 1980)

温冷感6要素と体感温度の相関関係

空気温度（乾球温度）と相対湿度・平均放射温度・気流を二軸に取り，PMVの値と比較すると以下のようになる。

- 風速は1.0 m/s以下では，その違いが体感温度に大きく影響する。
- 相対湿度は特に空気温度が高い状況下で，その違いによる影響が大きい。
- 空気温度と平均放射温度は相関関係にある。つまり，同じ空気温度でも平均放射温度を下げる（上げる）と体感温度に大きく影響する。

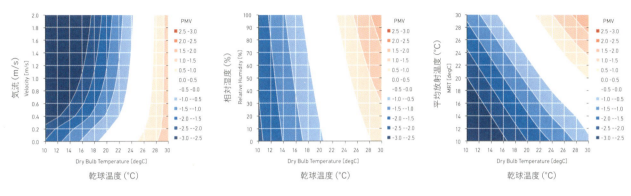

温冷感に影響する要素とPMVとの相関グラフ

環境デザインへの活用

コンピュータ解析を通じPMVやSET*を計算させ，屋内外の体感温度をマッピングして設計に活用することもできる。下図は，気流の分布と日射を考慮した平均放射温度の分布をそれぞれ計算した後，統合して屋外のSET*を計算し，マッピングした例。中高木をまとめて配置してクールスポットをつくったり，意図的に風が流れやすい場所をつくったりして体感温度を下げる工夫をしている。

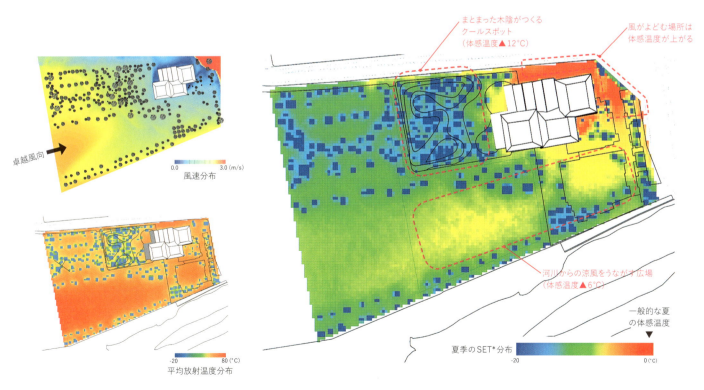

体感温度シミュレーションを利用したランドスケープデザイン

熱をあやつる建築手法

熱容量を活用した土間空間や，バッファとしての縁側など，伝統的な日本の建築空間にも，熱をあやつる手法は多く見受けられる。ここでは代表的な熱をあやつる建築手法について紹介する。

ダイレクトゲイン

太陽からの日射を直接室内に取り込み，室温の向上を図る手法。南面に設けられた開口が最も扱いやすく効果的。熱容量の大きい石や土で床をつくり，蓄熱させることも。

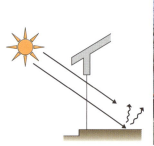

高知・本山町の家
（写真提供：エステック計画研究所）

クールピット

外気を地中に埋まったピット空間に通し，予冷（予熱）する手法。地中温度は外気温度に比べて年中安定しており，夏季は冷たく冬季は暖かい。

基礎の間をジグザグに通風し，冷却・昇温効果アップ

Federation Square

トロンブウォール

開口部の内側に日射を受ける壁を設け，その壁に日射熱を蓄熱させる手法。壁面の日射熱吸収率や蓄熱量が効果に影響する。

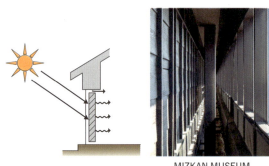

MIZKAN MUSEUM
（撮影：畑 拓）

ダブルスキンファサード

ガラス外皮を二重にすることで，夏季の日射を遮り，冬季の断熱性能を向上させる。夏季は二重の外皮の間に溜まった熱を排出し，オーバーヒートを防ぐ。

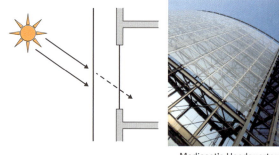

Mediaset's Headquarters

サンルーム

ガラスに覆われた室を設けることで，豊富な日射を集め室温を向上させる手法。集められた熱は，居室の暖房に用いたり，重力換気の動力として活用されることも。

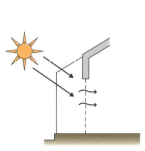

犬島精錬所美術館
（撮影：彰国社写真部）

ソーラールーフ

屋根に二重の層を設け，日射によって暖まった層内の空気を暖房に活用する手法。製品化されたOMソーラーなどはその応用である。

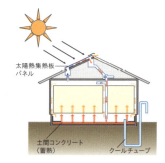

向日居
（写真提供：SUEP.）

建物の空調負荷の計算

空調負荷の簡易な計算方法を紹介する。一般的に室の空調負荷を計算する場合に最も簡単な方法は、ある一時刻を切り取ってその状態の熱の収支のバランスを計算するやり方である。下図のような室を例に，冷房負荷・暖房負荷をそれぞれ計算する（日射負荷や熱貫流率などは，設計する建物や空間ごとに固有の値）。

冷房・暖房負荷は下記四つの負荷の合算値で求められる。

① 貫流負荷[W]：壁や窓ガラスを通じ屋外から伝わる熱
　熱貫流率[W/㎡・K]×面積[㎡]×温度差[℃]
　冷房：3.0[W/㎡・K]×10[㎡]×(35−26)[℃]+0.5[W/㎡・K]
　　　×90[㎡]×(35−26)[℃]=675[W]
　暖房：3.0[W/㎡・K]×10[㎡]×(22−0)[℃]+0.5[W/㎡・K]
　　　×90[㎡]×(22−0)[℃]=1,650[W]

② 日射負荷[W]：窓ガラスが透過したり吸収したりする日射熱
　（冷房時のみ計算）
　窓面における日射量[W/㎡]×窓面積[㎡]×日射熱取得率
　冷房：300[W/㎡]×10[㎡]×0.8=2,400[W]

③ 室内負荷[W]：室内の人や機器が発する熱（冷房時のみ計算）
　人員負荷[W/人]×人数[人]+照明負荷[W]+その他負荷[W]
　冷房：120[W/人]×2[人]+150[W]+500[W]=890[W]

④ 外気負荷[W]：換気のために取り込んだ外気を冷却（昇温）する熱
　換気風量[㎥/h]×0.33×比エンタルピー差[kJ/kg(DA)]
　冷房：100[㎥/h]×0.33×(80.8−52.9)[kJ/kg(DA)]≒921[W]
　暖房：100[㎥/h]×0.33×(38.8−2.8)[kJ/kg(DA)]=1,188[W]

冷房負荷合計：675+2,400+890+921=4,886[W]
暖房負荷合計：1,650+1,188=2,838[W]

この結果と空調機のカタログを照らし合わせ，設置する空調機の能力を決定する。

	外気条件			室内条件		
	温度[℃]	湿度[%]	比エンタルピー[kJ/kg(DA)]	温度[℃]	湿度[%]	比エンタルピー[kJ/kg(DA)]
冷房	35	50	80.8	26	50	52.9
暖房	0	30	2.8	22	40	38.8

エナジーモデリング

上述した「ピーク時」の熱負荷を計算する方法だけでなく，近年は下記のような専用のソフトウェアを使い，年間の熱負荷，消費エネルギー，室温などの変化をより詳細に分析し，設計に生かしている。

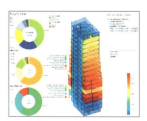

EnergyPlus
建物全体のエネルギー・シミュレーション・プログラム。Rhinoceros＋Grasshopperのプラグインツールの計算エンジンとしても使われる

IES VE
建物全体のエネルギーに加え，自然換気，自然採光などさまざまなプラグインからシミュレーションできるソフトウェア。BIMソフトとの互換性にも優れている

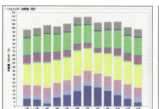

The BEST program
複雑な設備システムも，建物全体のエネルギー消費量を精度高くシミュレーションできるプログラム。国内の省エネ基準に対応したツールも用意されている

（出典：「試算例から見るBESTの特徴」
住宅・建築SDGs推進センターウェブサイト）

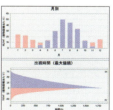

空気調和方式とその特徴

より高度にかつ精密に熱をあやつるために，さまざまな空調方式が存在する。
ここでは最も一般的な，対流式と放射（輻射）式の空調方式について紹介する。

対流式冷暖房

空調機によって冷やされた／暖められた空気を室内に循環させることで，室内の空気温度を直接調整する方式。

〈長所〉
- 空気を直接冷やしたり暖めたりするので，空調運転開始時の立上りが早く，すぐに室温が変化する。
- ゾーンごとに細かく制御しやすい。
- 空調負荷が変化する場合にも，吹出し温度や風量を制御し柔軟に対応することができる。

〈短所〉
- （熱容量の小さい）空気を使って冷暖房するので，その通り道（ダクト）が大きく空間や階高に影響を与える。
- 空気を搬送するためのエネルギー消費が大きい。
- 暖気は上昇する特性があるため，暖房時に天井から吹き出しても足元に届かず床近くが冷える傾向がある。

対流式冷暖房（冷房）

対流式冷暖房（暖房）

さまざまな吹出し方式

床吹出し空調

一般的な天井ではなく床に吹出口を設け，居住域を空調する方式。居住域だけを効率よく冷暖房できるため省エネルギーであるほか，暖房時も足元の冷え込みを防ぐ。丸形やライン型の制気口に加え，細かい穴のあいた床パネルから吹き出す染出し空調がある。

床に吹出口を配置し，空調空気を吹き出す

コープ共済プラザ（床染出し空調）
（撮影：野田東徳／雁光舎）

天井吹出し空調

天井から吹き出す最も一般的な空調。バランスよく吹き出すアネモ型吹出口やスマートなデザインのライン型など，目的や用途に応じ使い分けられる。

アネモ型吹出口　　ライン型吹出口

壁吹出し空調

気流到達距離の長いノズル型などを壁面に設置し，吹き出す方式。大空間によく用いられる。

代々木第一体育館（撮影：彰国社写真部）

座席空調

音楽ホールのような大空間で，観客席の背もたれを使って吹出し空気を送り，居住域を効率よく冷暖房する。

柏崎市総合文化会館アルフォーレ

放射（輻射）式冷暖房

冷水（温水）を配管やフィン，躯体の中に通すことで，表面温度を変化させ，放射によって人体を冷やす（暖める）冷暖房方式。放射表面と室内空気との熱交換により副次的に空気温度も調整することができる。

〈長所〉
- 空気式と比べて室温が少し高（低）くても，十分な温冷感を得ることができる。
- （熱容量の大きい）水を使って冷暖房するので，エネルギー消費が小さい。
- 床暖房に代表されるように，気流感が少なく快適性が非常に高い。
- 空気を吹き出さないので風切音がなく，静粛性が高い。

〈短所〉
- 空調の立上りが遅く，涼しく（暖かく）感じるまでに時間がかかる。
- 細かいゾーンごとに制御することが難しい。
- 湿度を制御することができないため，別途除湿（加湿）装置が必要。

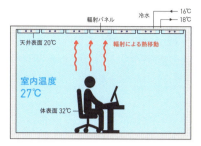

輻射式冷暖房（冷房）

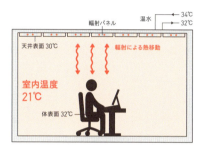

輻射式冷暖房（暖房）

さまざまな放射冷暖房方式

躯体放射冷暖房

床や壁，天井に冷温水配管を埋め込み，躯体の温度を直接調整する方式。躯体の蓄熱性を生かすことで，冷温水の循環停止後もある程度躯体の温度を保つことができる。

みんなの森 ぎふメディアコスモス
（床放射冷暖房）
（撮影：彰国社写真部）

NICCA イノベーションセンター
（床・壁放射冷暖房）
（撮影：畑 拓[左]，写真提供：小堀哲夫建築設計事務所[右]）

ラジエータ

表面積の大きいフィン状のものに冷温水を流す方式。ガラス面からの熱負荷を処理することを意図されたタイプのものも。

東京大学総合図書館 ライブラリープラザ
（撮影：小川重雄）

ONOMICHI U2

薪ストーブ

表面が高温になるストーブも輻射冷暖房に該当する。揺らぐ炎による癒やし効果も期待できる。

（撮影：彰国社写真部）

風 をうながす

風は気圧の変化がもたらす空気の動きであり，時には心地よい涼風を届け，
しかし時には不快な冷風や危険な強風となり襲ってくることもある。
この目に見えずつかみどころない風を上手にあやつることが，
穏やかで快適な環境をもたらすことにつながる。

風配図から詳しく風を読む

海や山などの周囲の地形や，季節に応じて風向きは大きく変わる。風配図を読み解くことで，街や建物に対して風を取り込んだり防いだりする際に，どの方位に対して考慮すればよいかがわかる。

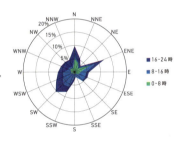

神戸市（8月）
北は六甲山，南は大阪湾に挟まれた神戸市は，昼間に南風（海風），夜間に北風（陸風）と昼夜で風向きが変わる。

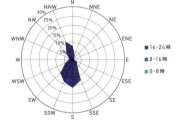

福井市（年間）
東西を高く険しい山々に囲まれた福井市では，年間を通して南北方向に風が吹く。

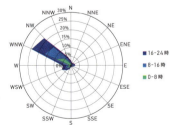

館林市（1月）
日本海からの北風が山を越え，水蒸気を失い乾いた冷たい風となって吹き下ろす地域風を赤城嵐（あかぎおろし，上州のからっ風）と呼ぶ。

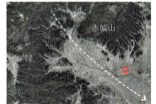

（出典：Google Earth）

風速

季節に応じて風速も変化する。風配図とあわせ，風速が小さく穏やかな中間期に風を取り込む方法や，冬に強風が現れる場合に風や雪を防ぐ方法などを計画することができる。

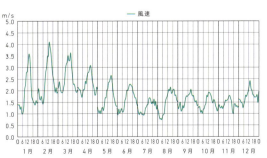

館林市の年間の風速変化。夏季から秋季にかけて穏やかな風況が続くが，赤城嵐の現れる冬季には強風にみまわれる

広域の風環境

建築をとりまく広い範囲では，海風・陸風といった地形が生み出す特徴のほか，
建築物や緑地の配置・形態によって風況が大きく変化する。
建築物を計画する際は，周囲の風況をよく把握したうえで以下のような点に配慮する必要がある。

- 建築物の配置，形態等に配慮し，風通しのよいまちなみをつくる。
- 緑地，河川，湖沼等の自然空間やオープン空間を上手に利用しながら，連続的な風の道を整備する。
- 冬季に寒冷な季節風が吹く地域では，風利用とあわせ防風の工夫をする。

海陸風

日中は比熱の低い陸が海より温まりやすく，海から陸に冷涼な風（海風）が吹く。逆に夜間は比熱の低い陸が放射冷却により冷やされ，陸から海に風が吹く（陸風）。同様の現象は湖と陸の間や山と谷の間でも見られ，前者は湖陸風，後者は山谷風と呼ばれる。

緑地からのにじみ出し

昼間の緑地は，蒸発散や緑陰による表面温度上昇抑制により相対的に周辺市街地より低温で，緑地から周辺市街地への風の流れが生じ，緑地で生成された冷気は風下の市街地に移流する。新宿御苑周辺などで見られる。

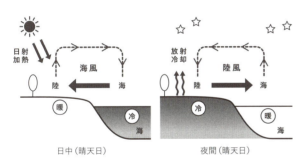

海風と陸風
（参考：日本気象学会編『新教養の気象学』朝倉書店，1998）

緑地からの風の流れ
（出典：「ヒートアイランド現象緩和に向けた都市づくりガイドライン」
国土交通省 都市局都市計画課）

風の道とヒートアイランドの抑制

ヒートアイランド現象とは，都市中心部の気温が郊外に比べて島状に高くなる現象で，熱を逃がす「風の道」を上手につくることが対策の一つとされている。

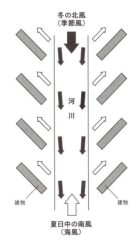

建物配置の工夫による河川風の導入
（出典：日本建築学会編著『都市環境のクリマアトラス
気候情報を活かした都市づくり』）

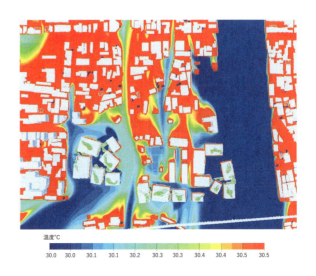

河川風を街中へ導こうと配置計画された提案（CFD解析）

換気方式とその特徴
風をうながす原理

自然の力を利用して風をうながす原理としては、
建物のまわりを風が流れることで生まれる圧力差を利用した風力（水平）換気，
温度が異なることで生まれる空気の密度差を利用した重力（上下温度差）換気が挙げられる。

風力（水平）換気

建物に風が当たると，風上側には圧縮力が，風下側には引張力が作用する。建物内外で圧力差が生まれることで自然換気がうながされる。

〈特徴〉
- 地形や周辺建物，建築物の形状などが風の流れ方に影響する。
- 温度の低い外気の導入に加え，通風（風の流れ）による冷涼感も期待できる。
- 風上側と風下側の風圧係数の差が大きくなるように相対して開口部を設け，その間をなめらかに空気が通り抜けられるレイアウトをつくる必要がある。
- 風が弱くなると通風量が小さくなり室内の熱を除去できない。一方で風が強くなると不快に感じることもある。

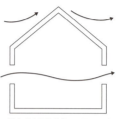

風力（水平）換気のイメージ

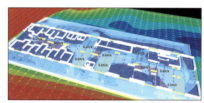

ONOMICHI U2（CFD解析）
建物内部に風が通り抜けやすいレイアウトをつくり，自然換気されやすい環境を生み出した

さまざまな風力換気方式

ウィンドキャッチャー

ファサードや建物形状を工夫することで，流れてきた風をキャッチし，建物内にうながす。

南洋理工大学学生寮（撮影：中村絵）

ウィンドカウル

周囲の風によって空気排出口が回転する，風見鶏のようなウィンドカウルを設けることで，常に取入れ口が風下方向を向き，安定した風力換気がうながされる。

BEDZED（出典：『ディテール』184号）

関西国際空港旅客ターミナルビル
（撮影：彰国社写真部）

コアンダ効果

気体の流れのそばに湾曲した壁や天井があると，気流がその面に沿った方向を流れようとする現象。自然換気に限らず，空調吹出しにも利用される。関西国際空港旅客ターミナルビルでは，オープンエアダクトと名付けられた。

重力（上下温度差）換気

建物の内外に温度差があると空気の密度にも差が生まれ，密度の高いほうから低いほうへ風が流れる。このときに生まれる圧力差による浮力を利用して，建物下部で取り入れた冷涼な空気を建物上部の暖められた空気により誘引し，自然換気を行うのが重力（上下温度差）換気である。

〈特徴〉
- 中心市街地など，建物が密集し風力（水平風）が利用できない条件でも有効。
- 換気量を増やすためには，給排気口位置を高さ方向に十分確保する。
- 高さ方向の中間点（中性帯）を挟み，空気の流れが逆転する。

重力（上下温度差）換気のイメージ

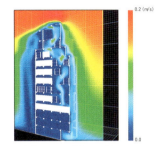

各階をつなぐ吹抜けを利用し，
最下階から取り込んだ風を上階へ導いた例
（CFD解析）

さまざまな重力換気方式

ソーラーチムニー

煙突内で日射により暖められた空気が煙突を上昇しさらに暖められることで，高低差・温度差がつき重力換気がうながされる。

犬島精錬所美術館
（撮影：彰国社写真部）

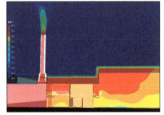

MIZKAN MUSEUM
（CFD解析）

吹抜け

高層ビルでは給排気口の高低差を取ることができるため，内部に吹抜け（ヴォイド）を設け浮力を生み出し，重力換気を行うことができる。

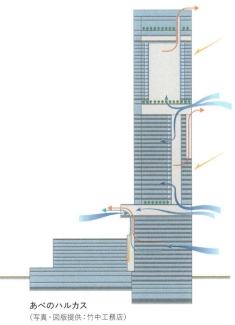

あべのハルカス
（写真・図版提供：竹中工務店）

風力換気量の計算

風上側の風圧係数をC_1, 風下側の風圧係数をC_2とし,
風上・風下に開口を設けたときの風力換気による換気量は以下の式で求められる。

$$Q = \alpha A \sqrt{(C_1 - C_2)} \times v \times 60^2$$

- Q: 換気量 [㎥/h]
- αA: 実効面積 [㎡] (α: 開口の流量係数　A: 開口の面積)
- C: 風圧係数
- v: 風速 [m/s]

風圧係数

風上側・風下側にかかる風圧力を求めるための係数を風圧係数と呼び, 風圧係数は建物形状ごとに定義される。

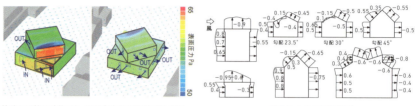

特殊な形状の建物でも, CFD解析や風洞実験を通じ建物の各面にかかる風圧を算出することができる
(図版提供：川島範久建築設計事務所)

建物にかかる風圧係数
(出典：日本建築学会編『建築環境工学用教材 環境編』丸善, 2008)

開口部ごとの流量係数

風を屋内にスムーズに取り込むため, 取入れ口や排気口の形状はたいへん重要である。開口部のかたちによって風の流れやすさは異なり, その流れやすさを示す係数を流量係数[α]と呼ぶ。ベルマウス形状が最も風が流れやすいかたちである。

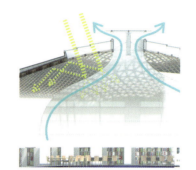

(参考：日本建築学会 編『建築環境工学用教材 環境編』丸善, 2008)

みんなの森 ぎふメディアコスモス
ベルマウス形状を生かした自然換気装置
(図版提供：伊東豊雄建築設計事務所)

総合実効面積

開口部における風の流れやすさ（抵抗）を示す指標として, 流量係数を考慮して総合実効面積を求める必要がある。風上側の実効面積を$\alpha_1 A_1$, 風下側の実効面積を$\alpha_2 A_2$としたときの総合実効面積は右の式で示される。

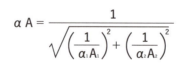

$$\alpha A = \frac{1}{\sqrt{\left(\frac{1}{\alpha_1 A_1}\right)^2 + \left(\frac{1}{\alpha_2 A_2}\right)^2}}$$

αは開口の流量係数を, Aは開口の面積を示す

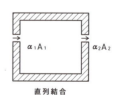

直列結合

CFD解析を用いた自然換気スタディ

CFD解析を用い, 風の流れを可視化しながら換気口の位置や大きさ, 室内レイアウトを設計に生かす例が増えている。

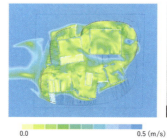

「太田市美術館・図書館」の自然換気のスタディ
精度の高いCFD解析を用いただけでなく, 市民ワークショップでは
iPhoneアプリ (Wind Tunnel) を使ってその場で風況を再現し, 室内レイアウトを議論した

重力換気量の計算

重力換気による換気量は，以下の式で求められる。

$$Q = \alpha A \sqrt{\frac{2}{\rho} \Delta P}$$

$$\Delta P = -g(\rho_o - \rho_i)h$$

$$\rho = \frac{353.25}{\theta + 273.15}$$

- Q：換気量 [㎥/h]
- αA：実効面積 [㎡]
- ρ：空気密度 [kg/㎥]
- ΔP：開口部前後の圧力差 [Pa]
- g：重力加速度 (=9.8) [m/s²]
- h：開口部間の高さ
- θ：温度

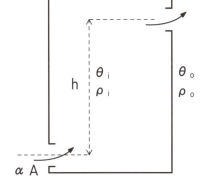

開口部が複数ある場合の注意点

重力換気が行われるとき，建物高さごとに建物内外の圧力差を示したものが右の矢印である。
矢印が室内側に向いているところの開口は室内の圧力のほうが低いため空気の流入口となり，逆に室外側に向いているところの開口は空気の流出口となる。
高層建物で各階に換気口を設け，それを吹抜けなどでつなぐと，下階で暖められた空気が吹抜けを通じ上階へ流れ込んでしまうことがある。

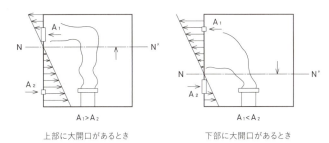

上部に大開口があるとき　　　下部に大開口があるとき

（出典：日本建築学会編『設計のための建築環境工学
みつける・つくるバイオクライマティックデザイン第2版』彰国社，2021）

中性帯

室内外の圧力差がゼロになる箇所を中性帯（図中のN-N'部）と呼ぶ。中性帯の位置は開口の位置・面積により変わるので，空気を取り入れたい開口が必ず中性帯より下にくるように注意する。

重力換気の事例

GSW Headquartersでは各階に給気口を設け，外気を取り込みオフィスを冷却した後，ダブルスキンファサードを通じて屋根から排気している。

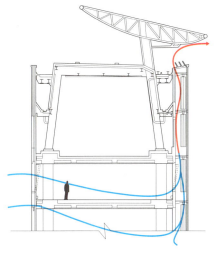

GSW Headquarters
(©Jens Willebrand)

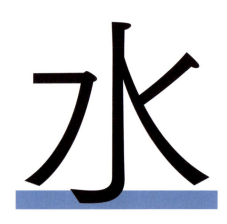
水 をめぐらす

人の生活と活動を支える建築にとって，水には以下のような役割がある。
水の物性と形態を，利用目的に応じて有効に機能させることはたいへん重要である。
1. 生命維持：利用者の健康維持のため，適切な水質を維持して給水する。
2. 衛生保持：入浴，洗面，清掃など汚染を防止し衛生保持のために機能する。
3. 搬送機能：生活の場から不要物を排水したり，冷暖房のための熱を搬送したりする。
4. 温調機能：打ち水や散水，空調冷却水として気候や温度を調節する。
5. 心理効果：流水や落水，噴水などで，利用者の気分を向上させる。

降雨から詳しく水を読む

水の源は降雨である。降水量そのものや季節ごとの傾向は地域によってずいぶん異なる。
計画地の特徴を分析し，適切な屋内外環境のつくり方に反映させることが重要である。

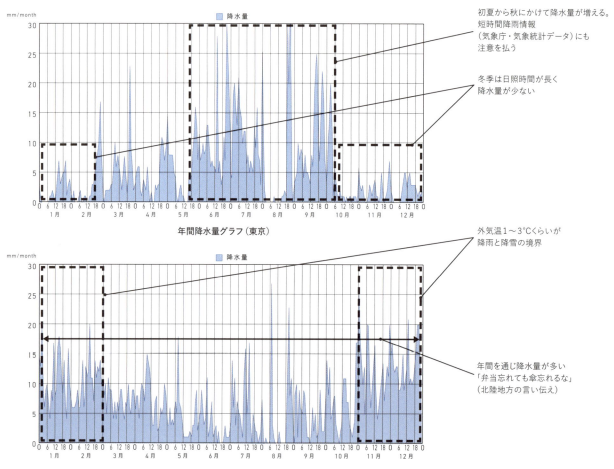

年間降水量グラフ（東京）

初夏から秋にかけて降水量が増える。
短時間降雨情報
（気象庁・気象統計データ）にも
注意を払う

冬季は日照時間が長く
降水量が少ない

外気温1〜3℃くらいが
降雨と降雪の境界

年間を通じ降水量が多い
「弁当忘れても傘忘れるな」
（北陸地方の言い伝え）

年間降水量グラフ（金沢）

資源としての水

日本の年平均降水量は世界平均の約2倍にもなるが，国民1人あたりの年平均降水量は世界平均のわずか3分の1程度でしかない。降水量が多いにもかかわらず渇水が多いのが日本の水資源の特徴である。一方，近年の気候変動により蒸発や蒸散の量が増え，必要な生活用水は増える傾向にある。
建物ごとの節水対策や，節水に努めるライフスタイルが今後ますます重要になる。

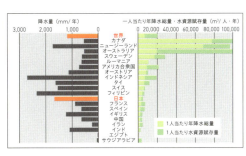

世界各国の年間降水量（左）と水資源量（右）
（出典：「令和4年版 日本の水資源」
国土交通省水管理・国土保全局水資源部）

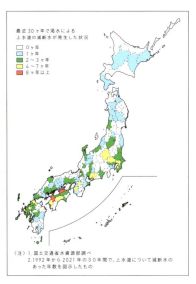

過去30年で渇水による
上水道の減断水が発生した状況
（出典：「渇水の発生」国土交通省ウェブサイト）

雨水利用，排水再利用

過去の渇水を契機として，近年では水の有効利用を進める技術が多く採用されている。
一度使用した水道水や雨水を浄化処理したうえで，低水質でも使用可能なトイレ洗浄，灌水などに利用することができる。
導入・維持費用が比較的安価な雨水ろ過設備は，公共施設などを中心に導入が進んでいる。

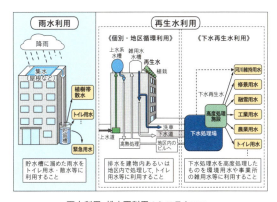

雨水利用，排水再利用のシステムフロー
（出典：「雨水・再生水の有効活用」国土交通省ウェブサイト）

地下水利用

日本では地下水総量の10％程度しか利用されていないといわれ，以下のような利点を背景に今後の活用が期待される。
- 雑用水に利用すれば水道料金を削減できる。
- 常に安定した水温は冷暖房にも利用できる。
- 災害時にも利用できる。

ただし，地盤沈下などを理由に自治体によっては取水制限が設けられているところもあり，事前の確認や協議が必要。

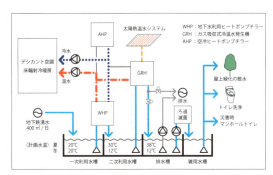

地下水（地下鉄駅の湧水）を多段階に利用した
横浜市港南区総合庁舎のシステムフロー

快適さをあやつる水

日本では古くから打ち水によって夏の暑さを和らげてきたように，水の特性を上手に利用して周囲の温度を下げる方法を用いてきた。そうした原理をより高度な技術として発展させ，現在においてもさまざまな場所で冷涼感を生み出している。

屋上緑化，壁面緑化

屋上緑化・壁面緑化は，一定程度の太陽光を反射するとともに伝導熱を遮る効果があり，加えて蒸発・蒸散により周囲の温度を下げる効果も期待できる。

省エネルギーだけでなく，生態系保全，雨水の貯留・流出防止，騒音低減，延焼防止，都市景観形成，地域コミュニティ形成支援など，さまざまな効果が期待されている。

コープ共済プラザ

対策	ヒートアイランド抑制		省エネルギー		特徴
	昼間	夜間	夏季	冬季	
高反射化	◎	◎	○	△	室内温熱環境改善，外気温度抑制
緑化	○	◎	○	○	景観向上，生態系保全
保水，蒸散	◎	○	○	—	雨水浸透，外気温度抑制

ミスト冷却

水は蒸発して気化するときに，周囲の熱を奪い温度を低下させる特性がある。この作用を活用するのが蒸散（気化冷却）である。

日本で古くから行われてきた「打ち水」と同じ原理で，その爽快感や清涼感といった視覚的効果もあわせ，屋外や半屋外環境でよく採用されている（P7参照）。

ミスト冷却の例

保水性舗装

空隙の多い舗装に保水材を詰めた構造で，降雨によって染み込んだ水が蒸発するときの気化熱によって路面温度の上昇を抑制する。次のような特徴がある。

- 蒸散作用により路面温度を10〜15℃程度低減させることができる。
- 吸水性に優れ，また表面温度低減効果を数日持続させることができる。
- 珪砂などリサイクルの可能な材料を使用した製品もある。

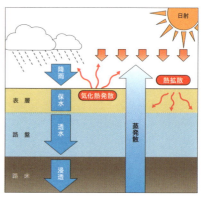

保水性舗装のメカニズム

愛でる水，触れる水 ── 水景施設

水景施設は涼を感じられるものとして，都市の暮らしにも広く溶け込んでいる。
さらさらとした水音の表現や，児童向けコミュニティスペースの創造など，
水景施設はその視覚的な効果に留まらぬ効果を内包している。

流水系
ランドスケープ全域に涼感の演出を行き渡らせる効果をもつ。

親水用水（人が触れる）　　修景用水（人が触れない）　　自然観察用水

落水系
水音の表現に優れ，スポット的な演出を行う際に広く用いられる。

親水用水（人が触れる）　　修景用水（人が触れない）　　自然観察用水

噴水系
親水施設として，時にはランドスケープのシンボルとしても供用される。

親水用水（人が触れる）　　修景用水（人が触れない）　　自然観察用水

P45の編集協力・写真提供：ウォーターデザイン

音 をとどける

私たちの生活の中では音声コミュニケーションがとても重要である。
音声の聞き取りやすさ・話しやすさは建築の仕様により大半が決まると言っても過言ではない。
また，耳からの情報は，空間の居心地への影響が大きく，不快感や不満にも直結しやすい。
そのため，劇場等の特別な音楽空間でなくても，音環境をデザインすることは必要だ。
まずは図面から聞こえる音環境を想像してみよう。
そこに，さらにいい空間をつくり出すヒントがあるはずだ。

音の制御

ABCDルール

必要な音を届け，不要な音を届けないという音の制御の主要なアプローチが，吸音（Absorb）・遮音（Block）・マスキング（Cover up）・距離減衰（Distance）である。空間の特徴やデザインの方向性に応じてこれらを組み合わせることで，よい音環境をつくりたい。
音の制御方法には，ABCD以外にも消音，防振，反射，散乱等がある。
また，劇場等の特別な音楽空間においては，さらに高度で多様なアプローチが必要となる。

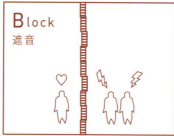

吸音と遮音

材料へ入射した音は，反射成分・内部吸収成分・透過成分に分かれる。
このうち吸収と透過成分の合計の入射成分に対する比を「吸音率」と呼ぶ。
入射成分に対する透過成分のみの比を「音響透過率」といい，逆数をレベル表示した量を「音響透過損失」と呼ぶ。
吸音材は遮音材と混同されることが多いが，吸音材の性能は「吸音率」，遮音材の性能は「音響透過損失」で表され，別の特性である。

音の入射・反射・透過・吸収

響きと吸音（Absorb）

室内に適量の吸音材を施して響きを調整することで，音の明瞭度が向上し，騒音低減を図ることができる。

材料の吸音性能（吸音率）

吸音性能は「吸音率」という0.00～1.00の値で示され，値が大きいほど性能が高い。什器や人体等も吸音性能をもつ。

主な材料の吸音率（α）目安（500Hz帯域）

材料	吸音率
グラスウール 厚25（背後空気層100）	0.85～
グラスウール 厚25（背後空気層0）	0.65～
ロックウール化粧吸音板（ボード捨張り）	0.40～
吸音カーテン 2倍ひだ（背後空気層100）	0.60～
木毛セメント板 厚25（背後空気層0）	0.25～
タイルカーペット 厚6.5（スラブ直張り）	0.10～
石膏ボード	0.08
石膏ボード クロス貼り	0.08
コンクリート	0.02

※納まりや仕様詳細，製品によっても異なるため，検討の際はカタログ等を確認すること

空間の吸音計画

空間の吸音計画では①**吸音の程度（面積×性能）**と②**吸音の配置**を考える。

①吸音の程度（平均吸音率）・残響時間

室の吸音程度を表す指標に「平均吸音率」がある。値が大きいほど吸音程度が高い。室用途ごとの推奨値を目安とする。ホール等では「残響時間」で評価することも多いが，室容積によって推奨値が異なる。平均吸音率が大きいほど残響時間は短くなる。

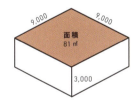

吸音率（α）
天井：吸音板（0.60）
壁　：ボード（0.08）
床　：塩ビタイル（0.06）

平均吸音率の計算法
平均吸音率（$\bar{α}$）＝（81㎡×0.60＋81㎡×0.06＋108㎡×0.08）÷（81＋81＋108）＝0.23＜目標値0.25
➡壁面や什器などで吸音追加を検討

平均吸音率推奨値の例

	室の使用目的	平均吸音率（$\bar{α}$）
ホール	コンサートホール	0.20～0.23
	オペラハウス	0.25
	劇場	0.30
	講堂	0.30
	多目的ホール	0.25～0.28
スタジオ	ラジオ用音楽スタジオ	0.25
	ラジオ用一般スタジオ	0.25～0.35
	ラジオ用アナウンススタジオ	0.35
	テレビスタジオ	0.40
	録音スタジオ	0.35
その他	音楽鑑賞用リスニングルーム	0.25
	居間兼用リスニングルーム	0.30
	学校教室	0.25～0.30
	会議室	0.25～0.30
	事務室	0.30
	宴会場・集会場	0.35
	体育館	0.30

※中音域の推奨値
（出典：日本建築学会編『建築の音環境設計〈新訂版〉』（日本建築学会設計計画パンフレット4）』彰国社，1983）

②吸音の配置

計算上の平均吸音率が同じでも，吸音配置によって実際の音環境は異なる。下図のような配置が効果的である。

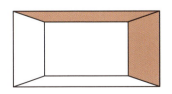
対向平行面の片側を吸音

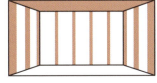
吸音面を偏らせない

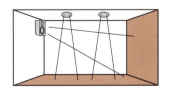
スピーカの直接音が当たる面を吸音

効果的な吸音配置の例

吸音仕上げのディテール

吸音効果を高めるコツを理解しておくと，吸音ディテールを意匠デザインに生かすことも可能になる。

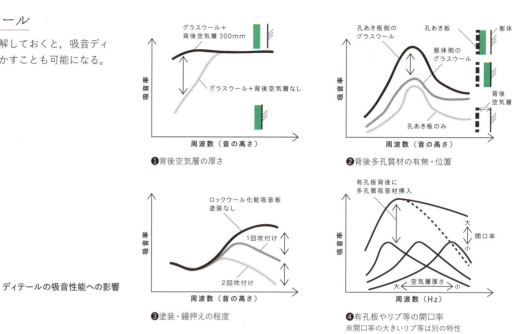

ディテールの吸音性能への影響

❶背後空気層の厚さ

❷背後多孔質材の有無・位置

❸塗装・鏝押えの程度

❹有孔板やリブ等の開口率
※開口率の大きいリブ等は別の特性

吸音メカニズムによる分類

吸音材は吸音のメカニズムによって表のように分類され，吸音性能や周波数特性に違いがある。
昨今，新しい吸音材も開発されている。

吸音メカニズムによる分類

遮音（Block）

空間を壁などで仕切って音を遮り静けさを得ることを「遮音」という。

材料の遮音性能（音響透過損失）

実験室で測定した材料単体の遮音性能を「音響透過損失」といい，Rr等級で表す（製品によってはTLD値で表記）。建具の性能はT等級で表すことが多い。各々，値が大きいほど性能が高いことを示す。

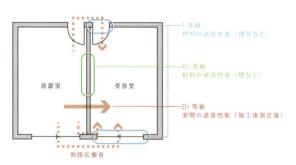

材料の遮音性能と室間の遮音性能の関係

空間の遮音性能（室間音圧レベル差）

実際の空間の遮音性能は，側路伝搬音，ディテールや施工精度の影響を受けた総合的な性能となり，ほとんどの場合，材料の音響透過損失より低下する。「室間音圧レベル差」はDr等級で評価され，値が大きいほど性能が高い。

室間平均音圧レベル差に関する適用等級

建築物	室用途	部位	適用等級 特級	1級	2級	3級
集合住宅	居室	隣戸間界壁／界床	D-55	D-50	D-45	D-40
ホテル	客室	客室間界壁／界床	D-55	D-50	D-45	D-40
事務所	業務上プライバシーを要求される室	室間仕切壁 テナント間界壁	D-50	D-45	D-40	D-35
学校	普通教室	室間仕切壁	D-45	D-40	D-35	D-30
病院	病室（個室）	室間仕切壁	D-50	D-45	D-40	D-35

適用等級の意味

適用等級	遮音性能の水準	性能水準の説明
特級	遮音性能上とくにすぐれている	特別に高い性能が要求された場合の性能水準
1級	遮音性能上すぐれている	建築学会が推奨する好ましい性能水準
2級	遮音性能上標準的である	一般的な性能水準
3級	遮音性能上やや劣る	やむを得ない場合に許容される性能水準

（出典：『建築物の遮音性能基準と設計指針 第二版』日本建築学会編，技報堂出版，1997）

高遮音構造

室間の遮音性能を高めるには遮音層の音響透過損失を高くすることが基本だが，さらなる性能向上のためには，「室間のバッファを設ける」ほか，右図のように「室間にエキスパンションジョイントを設ける」「音源室や受音室を浮き構造とする」など，室間の縁を切る対応が有効である。これらを制約と捉えず，意匠的に工夫することで，新しいデザインやスペースの有効活用ができる。

縁を切る（エキスパンションジョイント）

浮き構造で縁を切る

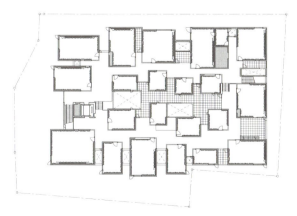

共用部をバッファに利用した例
（桐朋学園大学音楽学部調布キャンパス1号館）
提供：日建設計

防振遮音層を仕上げに利用した例
（東京藝術大学音楽学部第6ホール改修）撮影：彰国社写真部

マスキング（Cover up）

音の聞き取りやすさや気になりやすさは受音者の周囲の音環境条件によっても変わる。
この現象を活用したシステムや音環境デザインも有用だ。

マスキング

ある音が別の音に妨害されて聞こえにくくなる聴覚現象。たとえば，静かな場所よりもうるさい場所のほうが小さい音が聞こえなくなったり，会話音が聞き取りにくくなったりすることである。

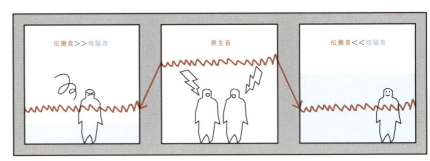

マスキングの概念

暗騒音

対象とする音以外のすべての音のこと。たとえば，隣室からの透過音を対象とするなら，自室の空調音や窓からの音など。自室の活動音等を含めることもある。

マスキングシステム

マスキング現象を利用して，スピーカ等で意図的に音を加える装置のこと。定常的で変動の少ない音や，楽器・自然音等をミックスしたもの，マスクしたい音の状況に応じてリアルタイムに変動するものなどさまざま。

水景による水音を生かした例
（竹中工務店東京本店イノベーションプロジェクト　KOMOREBI）
撮影：小川泰祐　写真提供：竹中工務店

水音・環境音など

集中や非日常感を演出する目的で，水景により水音を発生させ周囲の騒音をマスキングすることも考えられる。

音の大きさ

①音圧レベル・騒音レベル

音の大きさは「音圧レベル」「騒音レベル（＝A特性音圧レベル）」で表され，単位はdB（デシベル）を用いる。音圧レベルは物理量，騒音レベルは周波数ごとの人間の耳の感度で補正した値である。周波数帯域ごとに示す場合や，すべての帯域の値を合成した値で示す場合がある。

②NC値

音の大きさを評価する代表的な指標としてNC値がある。周波数帯域ごとの音圧レベルをプロットし，すべての周波数帯域が下回る曲線を評価値とする。値が小さいほど静かであることを示す。

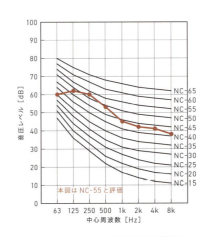

音圧レベルによる表記（NC曲線評価）

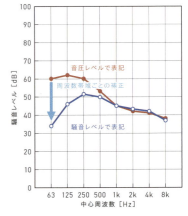

騒音レベルによる表記
※正式には音圧レベルと同じグラフには表記しない

距離減衰 (Distance)

音源から離れるほど音の大きさは減衰する。
減衰量や減衰の仕方は音源や空間側の条件により異なる。

音源の種類と減衰

直接音の距離減衰は以下に大別される。
①**点音源**
屋外設備の敷地境界線への伝搬検討など
②**線音源**
道路騒音の外装面への伝搬検討など
③**面音源**
工場の外装や大空間の屋根面からの周辺建物への伝搬検討など。ある程度の距離までは、点音源ほど減衰しないことを知っておく。

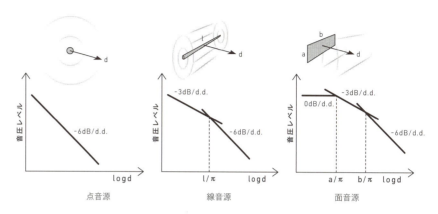

音源種類と距離減衰

点音源の距離減衰計算

音源の音響パワーレベルから計算点の音圧レベルを求める場合はA式による。音源から距離d_0地点での音圧レベルから計算点の音圧レベルを求める場合はB式による。これらは音源や計算点の近傍に反射面がない状態を前提とした式であり、反射面がある場合は反射音成分を考慮する。

音源の音響パワーレベルL_wがわかっている場合
計算点の音圧レベル $L = L_w - 20 \times \log_{10}(d) - 11$ ── A式

音源からの距離d_0における音圧レベルL_0がわかっている場合
計算点の音圧レベル $L = L_0 - 20 \times \log_{10}(d/d_0)$ ── B式

屋内における距離減衰

屋内では、直接音以外に反射音の影響があるため距離減衰がしにくい。減衰させたい場合は吸音が有効である（②④）。一方、音を届けたい場合には反射面を生かす方法もある（⑤）。

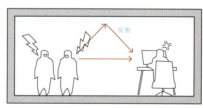

①天井反射で伝搬音が減衰しにくい

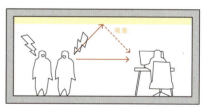

②天井吸音で伝搬音が減衰しやすい

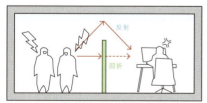

③天井反射で回折減衰効果が低い

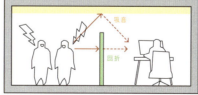

④天井吸音で回折減衰効果が高い

⑤天井反射で伝搬音を補強

屋内内装の違いによる音の減衰性状

回折

本来は障害物の裏にも音が回り込む現象をいうが、障害物がない場合よりも届く音が減衰するため、減衰手法として用いられることも多い。ただし、反射面があると回折減衰効果は低いため、吸音を併用することがコツである（上図④）。

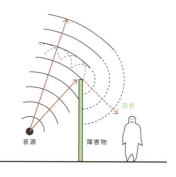

音波の回折

かたちと音

かたちも音の伝わり方に影響する。
特別な音楽空間以外でも，かたちを良い音環境のデザインソースと捉えて活用したい。

かたちによる音響障害・エコー

「**ロングパスエコー**」は，直接音から遅れて反射音が到達する現象。やまびこもこの一種。「**フラッターエコー**」は対向する壁と壁，天井と床など平行反射面の間で音の反射が繰り返される現象。プルプル，ビィーンと聞こえる。日光の鳴き龍など。いずれも，一般空間では聞き取りにくさや発話しにくさにつながることが多いため，吸音・傾斜・散乱などで対策することが有効である。

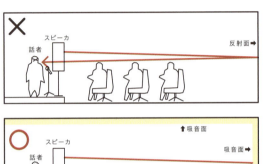
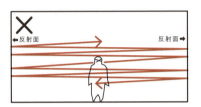
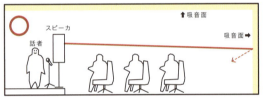
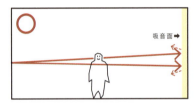
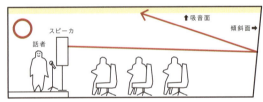
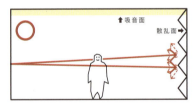

ロングパスエコー　　　　　フラッターエコー

エコーの種類と対策の例

かたちによる反射音制御・デザイン

かたちを適切に計画することで，反射音の方向を制御し，届けたい場所に効率的に音を届けることができる。

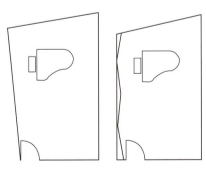

不整形平面

不整形な室形状

整形の室はフラッターエコーが起きやすいことに加えて室内で音の聞こえ方にムラが生じやすい。音楽空間の場合には平面・断面において不整形な室形状とするとよい。

不整形断面　　　　不整形な室の例

散乱形状

面の凹凸によって音波が散ることを「散乱」と呼ぶ。散乱された音は柔らかく聞こえのよい音環境をつくる。形状は山形、円筒形などのほか、面から独立したパネル等も効果がある。

寸法が大きいほど波長の長い音を散乱させるため、さまざまな寸法の錯乱体をランダムに設置するとよい。

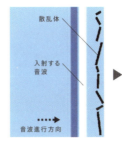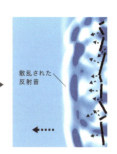

散乱体のある壁の音環境
提供：日建設計，解析ソフト：東京大学生産技術研究所坂本慎一研究室

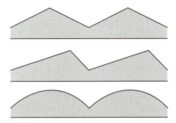

山形・円筒形などの散乱体 ／ 豊洲文化センター ホール ／ DRコンサートホール（デンマーク）

面から独立した散乱体 ／ ウィーン楽友協会大ホール ／ 桐朋学園大学音楽学部調布キャンパス1号館

高音域の散乱体 ／ ルツェルン・コンサートホール（スイス） ／ 浜離宮朝日ホール

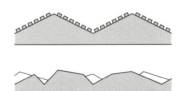

さまざまな寸法を組み合わせた散乱体 ／ 東京文化会館大ホール ／ 東京音楽大学 中目黒・代官山キャンパスTCMホール

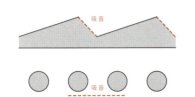

吸音を組み合わせた散乱体 ／ 早稲田大学高等学院講堂棟 ／ よみうり大手町ホール

ヴァナキュラー建築と建築環境デザイン

自然環境から建築へ

苛烈な屋外環境から身を守り雨風を凌ぐために,
人は自然の中によりどころを求めた。
たとえば洞窟は,恒常的な放射温度が人々の身体を包む
環境的なシェルターとして機能したといえる。
やがて人は,自然から与えられた環境に住まうのみならず,
自ら環境を構築して住まう手法を,地球上のあらゆる地域で編み出した。
長い時間をかけて構築されたその手法はパッシブであるのみならず,
機能を超えてデザインとして浸透し,人の生業や生活と密接にかかわってきた。
たとえばイランの採風塔を擁した建築では,
地中に掘られた大きな穴の中を風が通り抜け,
その場所が集落の共同作業用の空間として機能している。
スペインの白い建築群は,
日射熱負荷を低減するとともに美しい景観を生み出している。

ヴァナキュラーから現代へ

われわれは,環境的にもエネルギー的にも優れているヴァナキュラー建築から,
多くのパッシブ技術を学ぶことができる。
またヴァナキュラー建築は,一年を通したその土地の気候の特徴に加えて
文化や人々の生活が織りなされ,
単なる環境共生建築にとどまらない力強さをもっている。
しかし,たとえば中国のヤオトンは地中の放射熱を利用している一方で,
常に湿気の問題と向き合わなければならないなど,
克服しなければならない点も多い。
現代においてより高性能の室内環境と省エネルギーを両立させるためには,
従来のパッシブ技術と現代の設備技術を融合させる一方で,
環境性能を向上させる以上の文化的価値を建築に付与しなければならない。
これら現代建築における取組みを,
その端緒ともいえるヴァナキュラー建築の事例とともに紹介したい。

No.1 Iran

風を捉える

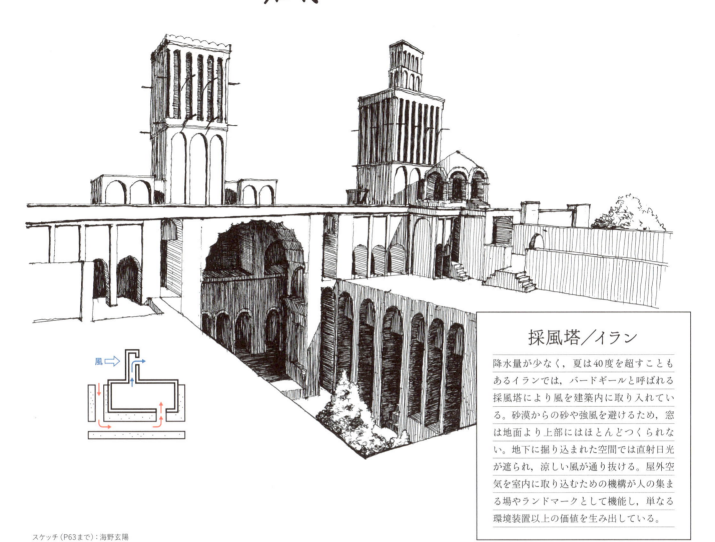

採風塔／イラン

降水量が少なく，夏は40度を超すこともあるイランでは，バードギールと呼ばれる採風塔により風を建築内に取り入れている。砂漠からの砂や強風を避けるため，窓は地面より上部にはほとんどつくられない。地下に掘り込まれた空間では直射日光が遮られ，涼しい風が通り抜ける。屋外空気を室内に取り込むための機構が人の集まる場やランドマークとして機能し，単なる環境装置以上の価値を生み出している。

スケッチ（P63まで）：海野玄陽

南洋理工大学学生寮 [伊東豊雄建築設計事務所]

撮影：中村絵

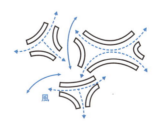

通風が最大限促進される棟配置がなされており，冷房負荷を削減している。

Capita Green [伊東豊雄建築設計事務所]

写真提供：竹中工務店／Michael Liew

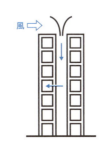

屋上に大きなウィンドキャッチャーを有しており，上空の低温かつ清浄な空気を室内に取り込んでいる。

No.2 Japan

風を通す

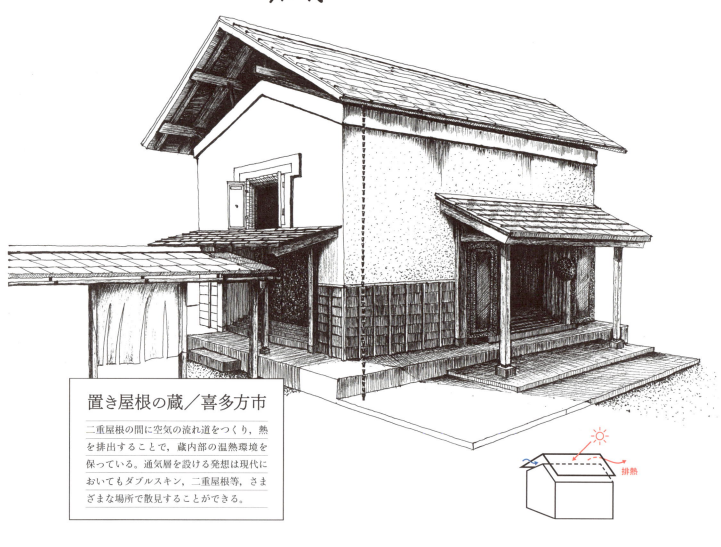

置き屋根の蔵／喜多方市

二重屋根の間に空気の流れ道をつくり，熱を排出することで，蔵内部の温熱環境を保っている。通気層を設ける発想は現代においてもダブルスキン，二重屋根等，さまざまな場所で散見することができる。

第一生命新大井事業所 [竹中工務店]

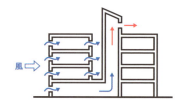

中庭東西面に配置されたダブルスキンのガラスカーテンウォールがソーラーチムニーとして機能し，熱い空気が屋外に排出されることで，建物内の自然換気を促進している。

実践学園自由学習館 [古谷誠章＋NASCA]

二重屋根内部に通気層を設け，トップライトから排熱することで，熱だまりが居住域まで落ちてくるのを防いでいる。

No.3 Spain

熱を遮る

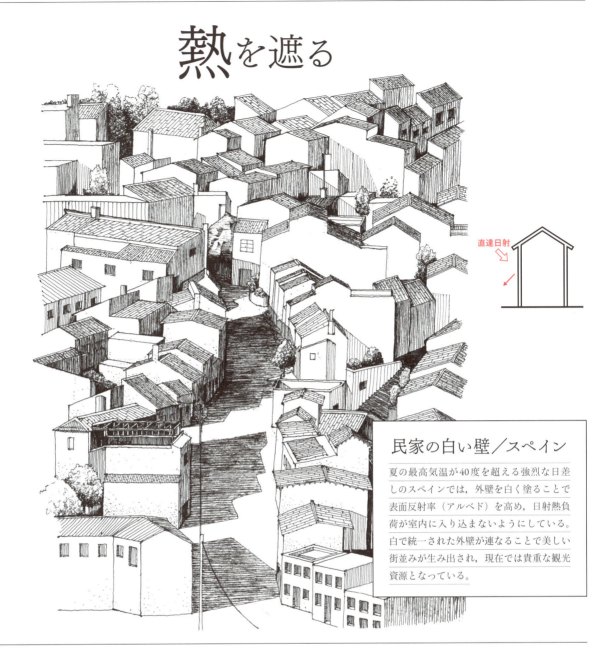

民家の白い壁／スペイン

夏の最高気温が40度を超える強烈な日差しのスペインでは，外壁を白く塗ることで表面反射率（アルベド）を高め，日射熱負荷が室内に入り込まないようにしている。白で統一された外壁が連なることで美しい街並みが生み出され，現在では貴重な観光資源となっている。

資生堂銀座ビル［竹中工務店］

撮影：ナカサ＆パートナーズ

資生堂のモチーフである唐草をイメージした外装が直達日射を軽減するとともに，建物のアイデンティティを確立している。

東京電機大学 東京千住キャンパス［槇総合計画事務所，日建設計］*

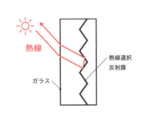

ガラスカーテンウォールに熱線再帰フィルムを施すことで，日射に含まれる熱線を太陽の方向に反射させている。これにより，街路空間の温熱環境悪化を伴わない日射遮蔽を実現している。

No.4 Canada

熱を断つ

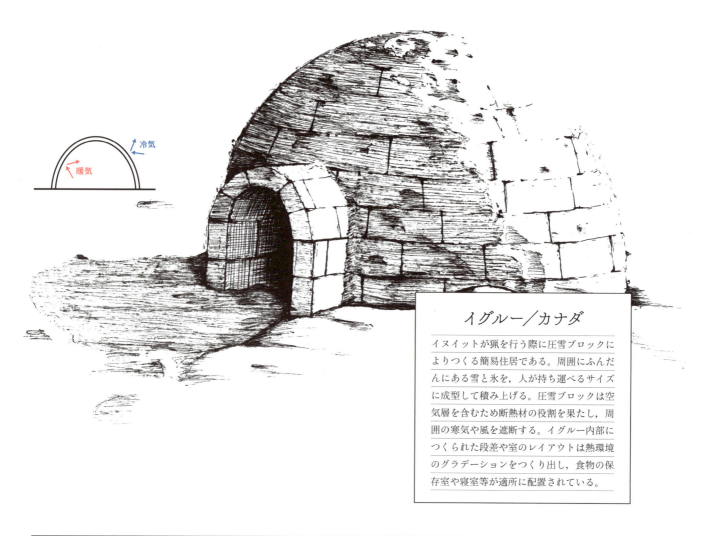

イグルー／カナダ

イヌイットが猟を行う際に圧雪ブロックによりつくる簡易住居である。周囲にふんだんにある雪と氷を，人が持ち運べるサイズに成型して積み上げる。圧雪ブロックは空気層を含むため断熱材の役割を果たし，周囲の寒気や風を遮断する。イグルー内部につくられた段差や室のレイアウトは熱環境のグラデーションをつくり出し，食物の保存室や寝室等が適所に配置されている。

カリフォルニア・アカデミー・オブ・サイエンス [レンゾ・ピアノ]

写真提供：Cody Andreson/ARUP

ジーンズの切れ端を断熱材として使用している。素材の熱性能に着目したエコシステムの構築に建築が寄与している。

まちの駅 ゆすはら [隈研吾建築都市設計事務所]

撮影：彰国社写真部

梼原町の茅葺屋根から着想を得，断熱性・通気性の高い茅を外壁に使用することで地域固有の外観を生み出している。

No.5 China

熱を利用する

ヤオトン／中国

黄土高原の表土である沈泥は軟らかく多孔質であるため掘りやすい。山の斜面を横に掘り進めてつくられた洞穴式のヤオトンは，熱容量の大きい土壁に囲まれており，夏は涼しく冬は暖かい。寒冷地のヤオトンは入口付近にオンドル式の床暖房を設けることもある。

犬島製錬所美術館［三分一博志建築設計事務所］

  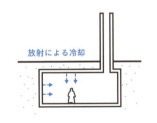

撮影：彰国社写真部

地中で冷やされた空気を建物内で循環させ，煙突効果により屋外へ排出することにより，快適な室内環境を実現している。かつての製錬所の遺構と環境を融合させることで，建築の保存・再生を果たしている。

青森県立美術館［青木淳建築計画事務所］

 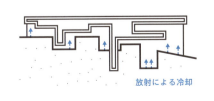

撮影：彰国社写真部

半地下とし，地面からの放射熱を利用することで空調負荷を低減している。

No.6 Korea

熱を使い尽くす

オンドル／韓国

大陸性気候でシベリアから陸伝いに寒気が流れ込む韓国では，冬場の最低気温がマイナス10度以下になることもある。かまどを焚いたときに出る煙を床下にくぐらせ，部屋の反対側の煙突から排出することで，調理の熱を床暖房にカスケード利用している。

NTTファシリティーズ新大橋ビル［NTTファシリティーズ］

撮影：彰国社写真部

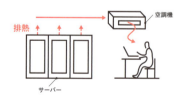

サーバーの排熱を冬季オフィス内の暖房として利用している。

新発田市庁舎［aat + ヨコミゾマコト建築設計事務所］

撮影：吉原写真館

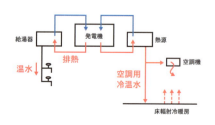

発電機の排熱を給湯や空調用冷温水に用いることで，熱のカスケード利用を行っている。

No.7 Philippines

水で冷やす

杭上家屋／フィリピン

フィリピン南部のスールー諸島では，人々は遠浅の海の岸辺に建てられた高床式の杭上家屋で暮らしている。蒸散により冷却された海からの風を取り入れることで，快適な屋内環境を実現している。建物の下に広がる海は，人々の生活インフラとして機能し，杭には船がつながれ，漁や家屋間の移動に使われている。

神戸改革派神学校［竹中工務店］

写真提供：竹中工務店

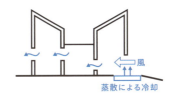

調整池上部を吹く風を建物内に取り込み，半屋外空間である回廊の空気を冷やしている。

NBF大崎ビル［日建設計］

撮影：彰国社写真部

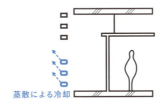

外壁に設置されたバイオスキンと呼ばれる多孔質な陶器製の管の中に水を通すことで，気化熱により周辺気温の低下と室内空間の熱負荷削減を行っている。

No.8 Japan

水を使いきる

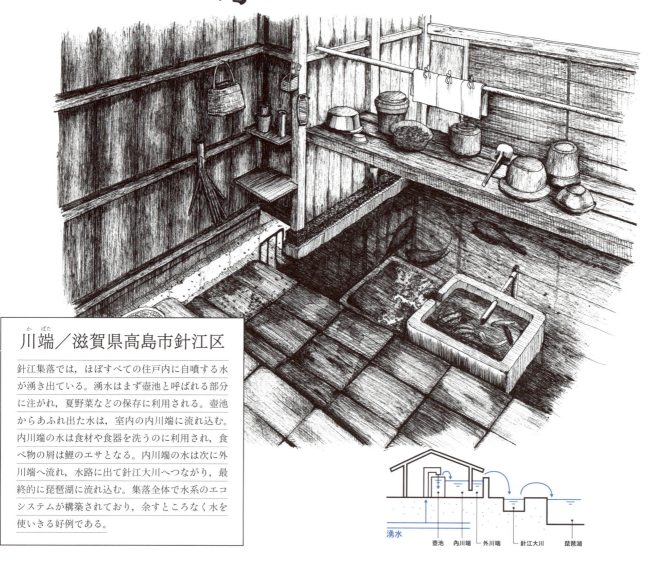

川端／滋賀県高島市針江区

針江集落では，ほぼすべての住戸内に自噴する水が湧き出ている。湧水はまず壺池と呼ばれる部分に注がれ，夏野菜などの保存に利用される。壺池からあふれ出た水は，室内の内川端に流れ込む。内川端の水は食材や食器を洗うのに利用され，食べ物の屑は鯉のエサとなる。内川端の水は次に外川端へ流れ，水路に出て針江大川へつながり，最終的に琵琶湖に流れ込む。集落全体で水系のエコシステムが構築されており，余すところなく水を使いきる好例である。

港南区総合庁舎 [小泉雅生／小泉アトリエ]

写真提供：小泉アトリエ

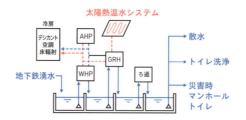

港南区総合庁舎では，大量の地下鉄湧水を庁舎へと導水し，空調用熱源として利用している。利用された水はろ過され，屋上緑化の散水，トイレ用洗浄水，災害時マンホールトイレの用水としてカスケード利用される。

静岡県富士山世界遺産センター [坂茂建築設計]

撮影：平井広行

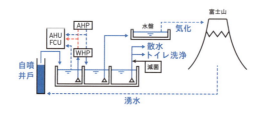

富士山の湧水を利用し，水冷チラーを用いて熱交換を行うことで館内の空調に利用している。熱交換された後の水は外部の水盤に供給される。水盤上を吹く風は気化冷却で冷やされ，建物内部に取り込まれる。水盤から蒸発した水はまた雨となって富士山系に降り注ぎ，また湧水となって利用される。

No.9 France

音を狭める・広げる

地下歩廊／フランス

石造の多いヨーロッパでは，響きの長い空間で，いかに音声コミュニケーションを取りやすくするか，かたちや材料が音に与える影響について関心・感度が高かったと考えられる。たとえば，アーチ構造では焦点に音が集まる現象が古くから知られていた。

ロンシャンの礼拝堂 屋外祭壇 ［ル・コルビュジエ］*

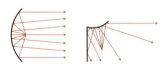

広場に集合した多くの人々に司祭の声が届くよう，平面は凹面で反射音の範囲を狭め，断面は後方の人々にも音が届くよう，音を広げる形状として考えられている。音響技術的に検証されてはいないが，音を届けたい想いがかたちとなっている。

エリザベト音楽大学セシリアホール ［日建設計］

写真提供：エリザベト音楽大学

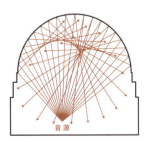

（出典：『オーディトリアムの音響設計・資料集 石井聖光先生還暦退官記念出版』1985）

上凸面であっても，焦点を受聴位置から大きくずらすことで反射音を広げ，下凸面のような効果を得ている。

[座談会]

建築をつくることは，環境をつくることである。

荻原廣高（環境エンジニア）
花岡郁哉（建築家）
青木亜美（音響エンジニア）
海野玄陽（環境エンジニア）
清野　新（環境エンジニア）
竹中大史（環境エンジニア）

環境デザインの原点

荻原　僕が学生のころは，環境ホルモンなど地球環境にまつわる問題が次々に注目されてきていたころです。大学4年生のときに京都議定書の締結（COP3, 1997）という大きなイベントがあって，21世紀は環境の時代だと思って，未利用エネルギーについて卒業論文を書き，環境と建築の関係性を考え続けたいということで設備のエンジニアになりました。ただ，当時の設備設計というのは，建築設計とは割と分離して進められていたので，とても違和感がありました。僕はただ機械設備の性能を上げて省エネルギーにしたいわけではなく，エンジニアリングが合理的で美しく統合された環境建築をつくりたいと思っていたのに，どうしたらよいかわからずまったく自分の殻を破れなかった。そんなころに，関西国際空港旅客ターミナルビル〔①②レンゾ・ピアノ＋岡部憲明，1994〕やイーストゲート・センター〔ミック・ピアース，1996〕，ジャン・マリー・チバウ文化センター〔③レンゾ・ピアノ，1998〕とか，「ビルディング・フィジックス（建築物理）」といわれる，空気や光，熱といった物理的な因子が建築のかたちをつくったり操作したりするダイナミックな建築のアプローチを知って，そこから設備とビルディング・フィジックスの両方の知見から建築にアプローチする立ち位置をずっと模索してやってきたという感じです。Arupも含めて延べ30年近くやっていますが，建築と環境，設備が響きあって設計が進むことはまだ少なく，僕の理想の環境建築はさらに遠くにあるという印象です。

海野　僕は卒業設計のときに，吉野林業を題材に扱って，吉野の山奥に行ったときの桶職人の家にすごく感銘を受けたんですね。林道のそばに作業小屋兼住居があるのですが，土間部分で製材していて，土間から板間に上がったところの床が開くと階段がある。階段を下りていくと，吉野川に張り出したテラスがあって，そこで川に吹く風を利用して木材を乾燥させていました。そして，桶をつくるために出た木屑をすべて利用していて，採暖に使ったり，火おこしや，風呂を焚くのに使う。環境となりわいと生活の結節点としての建築がそこにあった。僕も，物理的に細分化されたエンジニアリングの側面に結構モヤモヤしていたんですが，そういうものが分化する前の建築が吉野にはあって，すごく感銘を受けたんですね。それが私の環境建築の原点であり，現代のエンジニアリングを組み合わせながら，細分化されたものを再統合するようなところにすごく関心がありました。

荻原　結構年齢が離れてると思っていたけど，問題意識が割と似てるっていうのが意外です（笑）。

海野　そうですか（笑）。元々は建築も環境も，設計は細分化されていなかったですよね。以前は建築家が熱や光の環境もプランニングと同時に考えていたと思うのですが。

竹中　やはりさまざまな設備が導入される過程で細分化されていったのでしょうね。元々意匠で一番設計されていた光の部分が照明設計になり，温熱環境も1900年代にエアコンディショナーができて空調を制御できるようになって設備設計の対象になるなど，設備設計が細分化されつつ発展してきたと思うのですが，あまりにも扱う領域が増えすぎ，アプローチも細分化されすぎて，カバーしきれなくなってきた。今それがシミュレーションというかたちで可視化されて，もう一度みんなで考え直すことのできる時代に来

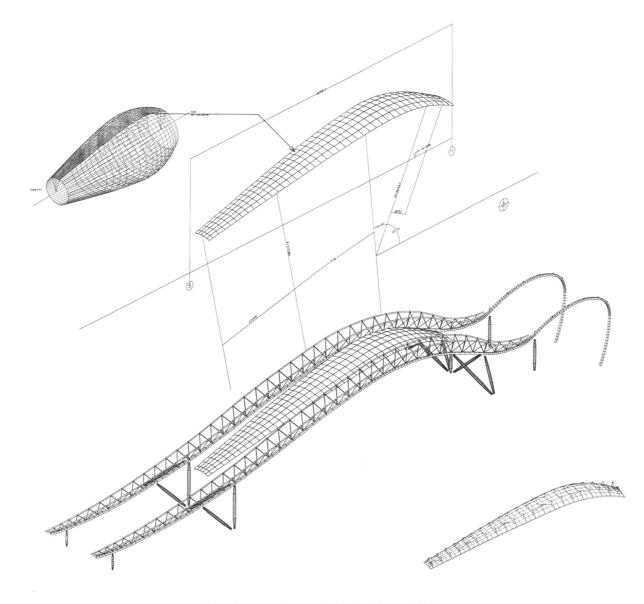

②オープン・エアダクトのジオメトリ。回転体の一部を切り取って得られる曲面で，光の反射板としても機能する

①関西国際空港旅客ターミナルビル（レンゾ・ピアノ＋岡部憲明）。オープン・エアダクトは幅とライズ（垂直高）がジェットノズルから吹き付けられる空気の自然な流れに従うようかたちが決定されている

（撮影：彰国社写真部）

③ジャン・マリー・チバウ文化センター（レンゾ・ピアノ）

（出典：『ディテール』184号）

たのかな，と思います。

清野　僕も学生のころの設計課題で風とか光を定性的に扱うことはありましたが，そこにどうしても気持ち悪さを感じていました。僕が学生のころは環境シミュレーションの創成期というか，一般にちょうど広がり始めて，学生でも触れる機会があるかな，というような時代でした。今まで見えないものとして扱ってきたものを，自分でシミュレーションして物理現象として可視化でき，それを建築のかたちにフィードバックできるっていうのがとてつもなく楽しかったんですね。

もう一つ，学生のときにヴァナキュラー建築のリサーチをしたことで『Design with Climate』〔Victor Olgyay, 1963〕という書籍に出会いました。建築はそもそも外部環境と内部環境を隔てるシェルター機能を大本として求められていたと。時代を経るごとにその内部環境を快適にしていくための機械設備が後付けされていったけれど，元々の原初的なシェルターとしての建築は，その土地の気候条件に適合してかたちが発展していった，ということをリサーチしていくなかで再発見したんです。気候条件というのはそもそも建築の諸条件の中でも一番前提にあるもので，それが建築と環境をつくっていくものである，というのが自分の中で確立されました。自分が設計に携わるうえでは，そのDesign with Climateという視点を常に頭に入れながら，建物と敷地の気候条件について，その土地だけのミクロな環境条件に対して建築でどうアジャストしていくのかを考えるきっかけになりました。

竹中　環境シミュレーションをみんなが使い始めたころは，どのような使い方をされていたのでしょうか。

清野　最初期は何百万円，何千万円の費用をかけて，部分的に詳細な検討をするためにCFD（3次元熱流体解析）を回すというような時代でした。とても記憶に残っているのは，せんだいメディアテーク〔④伊東豊雄建築設計事務所，2001〕で，伊東豊雄さんが当時，建築と構造と環境すべてを統合した設計をしたいと思っていたけれども，構造のシミュレーションはかたちや思いを実現するのに必要な技術がある程度揃っていたものの，環境はシミュレーション技術がまったく整っていなくて，建築設計に応じることができなかった，という話があったんですね。環境にはこれからやることがたくさんあるだろうというのが，僕が学生だった2010年前後に，当時の建築の若い人たちの中にある空気感だったと思います。それもあって，海野さんとは同期，竹中さんも1学年違いと，近い世代にはそういう考えをもってる人たちが多かったのかな，と思います。

海野　学生のときから大学を超え情報交換をしたり，協働したりしていたので，清野さんとは学生時代からの知り合いなんです。

荻原　まさにそういう時代でしたね。僕は2012～13年ころに，ぎふメディアコスモス〔伊東豊雄建築設計事務所，2015, P92〕を担当していましたが，あのころに伊東さんが，ようやく環境が少し建築に応じてきた，と言っていました。だから本人の中では10年遅れかそれ以上のイメージがあるんじゃないですかね。

花岡　僕は大学の学部生のときに，日本の伝統的な家屋の光環境について調査と分析を行って，「日本の伝統的家屋における光の状態と生活」という卒業論文にまとめました。伝統的家屋を選んだのは，普段の生活で体験する光環境が，それぞれの時代の光に対する潜在意識に影響を与えたのではないかと思ったからです。歴史的な変遷を辿れるように15軒程度選定して実測を行いました。具体的には，建物を約90cmグリッドに分割して床面の照度分布を測定しました。竪穴住居から少しだけインテリアの領域が分かれたような初期の住居だと，基本ほぼすべて土間なんですが，藁を敷いた10cm程度の高床ができるんですね，その段階で受光面の高さや材料が変わって，一つの建物の中で，光の入り込む深さや柔らかさにバリエーションが生まれます。それから生活レベルが向上したり，建築の構造

④せんだいメディアテーク（伊東豊雄建築設計事務所）。13本のチューブは上下移動のほかに空気・水・光などさまざまなエネルギーが行き来する

（撮影：彰国社写真部）

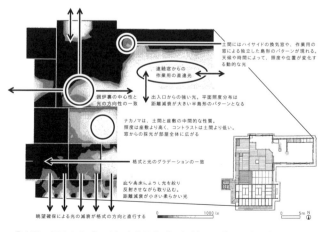

⑤卒論で調査した「一之江名主屋敷（田島家）」の床面照度分布。人の生活や場所ごとの特性に応じて異なる光環境が構築されている

（図版提供：花岡郁哉）

や空間を扱う技術が発展して，空間や機能が分化し，分化した空間自体もそれぞれ変化していきます。それに伴って自然光も，掃き出しの出入口からの輝度対比の強い光，手元を明るくする格子窓からの光，排煙を兼ねたハイサイドライト，座敷の格式の方向と景色に沿った光が直行する柔らかいグラデーション，周囲の部屋経由で光が入ってくる囲炉裏まわり，開口部がない暗い納戸など，空間やそこでの生活に呼応しながら多様化していきます〔⑤〕。この論文を通して，伝統的家屋の光環境の変遷を知ることができたことはもちろんですが，数多くの事例について，展示用の照明を消してもらって，自然光だけの状態をじっくり体験できたことが，僕にとって貴重な経験となりました。

音の世界

青木 音の世界に飛び込んだきっかけは，大阪のザ・シンフォニーホールの設計物語を書いた『残響2秒』〔三上泰生, 1983〕という本で，その中で世界一美しい響きを作るために，かたちとか椅子の素材とか，皆が一丸となるという物語そのものに感動したというのと，元々音楽好きだということもあって，音響という専門性をもって，建築をサポートする，かたちやものづくりに貢献できるという世界があるんだということに感動したことです。それからは，たとえば会議室に入ったときも，すぐ天井を見て吸音材使ってるな，とか，声はどう響くかな，とか思っちゃって，すべてを耳でビジュアルのように見て体験して，自分の中に蓄積している感じですね。

海野 われわれもつい吹出し口とか吸込み口とかを見ちゃう（笑）。

青木 たとえば，東京カテドラル聖マリア大聖堂〔⑥丹下健三・都市建築設計研究所, 1964〕は素晴らしい建築で，たぶん皆さんコンクリートの打放しとか，造形とか，そういうところに注目されると思うんです。でも，実はあまり見えないところで，壁の上のほうに小さな丸い穴がいっぱい開いていて，その後ろにヘルムホルツ共鳴器〔⑦〕という吸音装置が入っているんですよ。誰も気づかないと思いますが，それがあることで司教さんの話す声なんかがきちんと聞こえるようになっている。そうじゃないと，あんな大きな空間なので，ワアワア響いてしまって，お説教の内容もまったく聞こえないと思います。

竹中 全然知らなかったです！

青木 薄化粧というわけではないですが，何も気づかれないように上手に音環境を調整するというのが，めちゃくちゃ感動します。奥ゆかしい感じも好きだし，いかにも性能を強調しているようなものより，かっこいいですね。

海野 最近，温熱や光の分野では，環境のムラというような考え方があります。たとえば同じフロアに明るいところや暗いところをわざとつくるように，ある程度平面的なばらつきを許容したうえで，選択性を残しておくというようなつくり方が広まってきていますが，音環境でも，人の好みによってムラみたいなものを許容していくようなデザインは考えられていますか。

青木 そうですね，キッコーマン中央研究所〔⑧⑨日建設計（基本設計・デザイン監修），鹿島建設（実施設計），2019〕では，光とか温熱環境と同時に，音環境的にもムラをということで，会話が生まれやすい少しざわついているところや，少し奥まって静かなところをつくったりと，トライしています。音環境の難しいのが，人の存在とか声とかが音環境になってしまうので，同じ空間をつくっても人が喋っていればうるさくなってしまうというのがあって，そこのコントロールがすごく難しいですね。ですから，静かなスペースにしたい場合は，カフェなどのゾーンから離したり，建築的には吸音したり，少し囲われた状態にしたり，あとは少しスキップフロアのように段差をつけて，そちらには音が行かないようにしたりしますね。

花岡 音の発生源が人間の場合は，どういうふうに人が集まるかとか，時間帯と

⑥東京カテドラル聖マリア大聖堂（丹下健三・都市建築設計研究所）。内壁上部には吸音のための見えない穴が開いている （撮影：彰国社写真部）

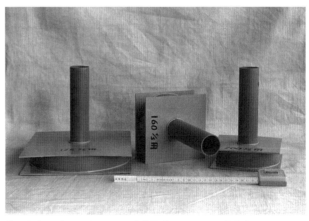

⑦聖堂壁面に埋められている吸音装置「ヘルムホルツ共鳴器」 （撮影：彰国社写真部）

か，アクティビティのシミュレーションをしないといけないから，人の挙動の予測の精度が確定的なところと不確定なところがあって，面白い領域ですね。

青木 シミュレーションにも乗ってこなくて，想像というか妄想というか，ずっと頭の中で，空間の音環境をぐるぐるイメージするしかなく，逐一ビジュアルにすることはできないので，難しい部分はあります。一方で光とか温熱とかは，365日，朝から晩まで，空間がどうなるかシミュレーションしないといけないから，難しくないですか。音はシチュエーションによりますが，季節や時間はあまり関係ないので。

竹中 時間軸があまりないのですね。

青木 平日と休日は若干違うかもしれないけど，月曜から金曜までは大体同じアクティビティだろうと。温熱とかは時間や季節によって全然違うので，全部を網羅して考えてすごいなって思っていて。

荻原 網羅してないですよ（笑）。押さえるべき要所について環境を解いて，それを定量化したり言語化したりしますけど，あとは余白だと思っていて，その余白をいかに伝えるかが大事だと思っています。住まい手とか利用者，その人たちの行動をあまり規定しすぎずに，うまく空間に生かすのも大事だし，その余白をいかに残し続けられるかっていうのが割と大事かなと，僕個人は考えています。

環境と建築の協働／固定観念の解放

竹中 僕は犬島精錬所美術館〔⑩三分一博志建築設計事務所，2008〕で，目に見えない環境それ自体を主題として扱っていることに感銘を受けたのが，環境設備エンジニアを志した原点です。既存の素材やかたちを生かし，それを環境を動かす仕組みとして活用することで，建築から歴史への橋渡しをしていくものとして環境が生かされているのがすごくいいなと思いました。今の時代においても，環境を通して風土とのつながりを実感し，愛着をもってもらえるストーリーが重要だと思います。

もう一つは，微気候空間というキーワードがでてきた中で，利用者が自発的に好みの環境を探し出せる仕組みや，探したいと思える動機をどのようにつくれるのかを考えるようになったのですが，どうするとよいかはまだ読みきれていないですね。

荻原 その話を聞いて，そういえば，彰国社の『自然エネルギー利用のためのパッシブ建築設計手法事典』〔彰国社編，1983，新訂版2000〕がいまだに僕のバイブルで，今でもたまに見返すんですけれど，意外と自分の原点にあったなと思い出しました。まさに，建築と環境の協働でしかつくれないものばかりでした。異なる環境特性をもった場所をつくるにも，こういう場所に行きたいという建築空間づくりが必要である。一方で，環境の側だからできる意味づけもある。そういう意味でも建築とエンジニアリングの融合が重要ですね。花岡さんは何か実践がありますか。

花岡 たとえばリバー本社〔旧リバーホールディングス両国，竹中工務店，2020，P74〕はオフィスですが，落ち着いて仕事をしたい場所，打合せスペース，移動空間のようなアクティビティと，それぞれに対応した光環境を，空間と同時に設計したんですね。基本的にはデスクワークに有効利用できる自然光を100から2,000 lxと設定し，それを超えることもある場所をカジュアルなミーティングスペースに，直達光が落ちる場所を動線空間としました。ミーティングは光がある程度変化し，外の雰囲気が感じられた方がいいのではないか，階段を登ってるときだけ直達光をパッとあびるのも気分転換になるのではないかと考え，均質に制御されたワークプレイスよりも変化を許容した，外部の自然環境が感じられるワークプレイスとしました〔⑪〕。光環境のシミュレーションと構造の検討，建築計画を行ったり来たりしての設計ですね。光を柔らかく取り入れ，自然光と人工照明をブレンドして，輝度対比を減らすようにデザインし，目が暗

⑧キッコーマン中央研究所（日建設計）。350mmずつ変化する床レベルがワンルームでつながる構成
（撮影：野田東徳／雁行舎）

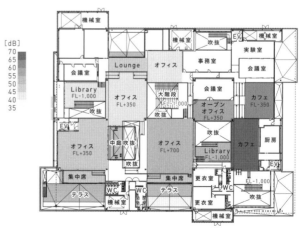

⑨同2階平面。市松状の平面ごとに音環境のグラデーションとなるよう計画されている

順応することで，抑えた照度でも明るく感じる省エネ計画としています。驚いたのは，タスク・アンド・アンビエントで設計しているのですが，実際には，皆さんほとんどタスクライトをつけていないんですよ。私たちが想像していた以上の効果に驚きました。ただ，人のアクティビティと合わせながら光環境を設計できたのは，このオフィス内の活動がある程度想定できたからだと思うので，もっと幅広い用途の空間だと，可変の制御機構なども追加しない限り，自然光をこれだけ活用するのは難しいかもしれないですね。

荻原　そこは本当に難しいでしょうね。直射光をあえて入れたということですが，その空間の評価はありますか。使われ始めてから。

海野　一部フリーアドレスのオフィスなので，人がどの場所を使って働いてるかをモニタリングしています。朝の出社直後や昼休みとかに，吹抜けまわりのカウンタースペースや，窓際の直達光が当たるスペースにあえて行くという人が一定数見られました。あと，竣工後の実測で光や温熱環境のムラが座席選択にどう影響を与えているかも調査をしたんですけれども，温熱環境でいうとPMV（予想平均温冷感申告）の一番良いところにやはり人が集まりつつも，そうじゃないところにも人が結構たくさん集まってる場所があって，環境の嗜好性が定量的な快適性だけによらないっていうところが，面白いと思いました。

青木　音も，静かだと集中できるからこの空間は何デシベル（dB）で，とか決めたりするんですが，完全に静かじゃないと集中できない人もいるし，反対に静かすぎると集中できないという人もいて，個人差があまりにも幅広い。設計はつくり込みすぎてもいけないし，どうしたらよいかという議論をすごくしています。

花岡　元々建築主から，静まりきってしまうようなオフィスにはしないでほしいという要望もあって，コミュニケーションがなるべく誘発されるような座席のレイアウトにはしているんですけれども，そこで音環境を測ったんですが，賑やかさと騒音の区別がつかなくて。

青木　そうなんです。ざわめきと気になる騒音みたいなものの差を，何か定量化できないか，検討はしているのですが，まだ解けていません。同じ45dBでも，何か気になる45dBとまったく気にならない45dBがあったりもします。皆さんのオフィスにも1人ぐらいはすごく声が通る人っていませんか。

竹中　自分かもしれない（笑）。

青木　新宿住友ビル RE-INNOVATION PROJECT（P134）という超高層ビルの広場を屋内化したときには，音的にはガラスの大空間ってどうしてもウワンウワンしてしまう一方で，大空間ならではの心地良さとか，抜けた感じや響く感じとかも感じたいので，吸音材料をほどよく設置することで，響きすぎず，響かなすぎずなところを狙いました。

また，神保町シアタービル〔⑫日建設計，2007〕で，吉本NSCの劇場を設計したときは，普通の劇場では吸音材を大量に設置して，セリフが明瞭に聞こえるようにするんですけれど，あんまり吸音しすぎると盛り上がらないというか，「わあーっ」て笑ったとたんにシーンってなっちゃうと，演者もお客さんも困っちゃうので，響きを残し気味にしようということになって，響きの良さも空間で残しました。

荻原　ぎふメディアコスモスでも，グローブっていうアイコニックな造形を使って，直射光を入れずに自然光を拡散して空間を包み込む。風もグローブのかたちだけで効率の高い重力換気を生み出す，という感じで全体の空間をつくったんですけども，実際に出来上がってから利用者にアンケートを取ると，グローブから外れた西側の窓際に差し込むまぶしい西日が大好きという人が何人もいました。これは新たな発見だったし，熱負荷のために絶対に西日を入れるな，というような固定観念を外さないといけない。僕ら自身がまだまだ使い手に追いついていないな，と強く感じました。

清野　SHOCHIKUCHO HOUSE〔西沢立衛建築設計事務所，2021，P144〕のプロジェク

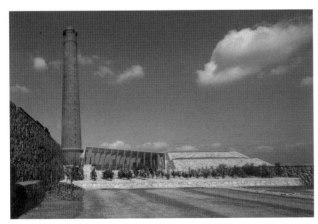

⑩犬島精錬所美術館（三分一博志建築設計事務所）。廃墟を機械制御に頼らない循環型社会のコンセプトで再生　　（撮影：彰国社写真部）

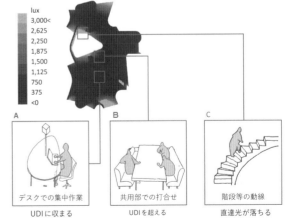

⑪リバー本社（竹中工務店）。変動する昼光照度の指標UDI（有用な昼光照度が得られる時間の出現率）を用いた解析

トでは，通り庭と呼ばれる，京都の町家建築の伝統的な細長い土間の空間が，住宅の半分を占めていて，そこが全面トップライトで覆われて採光しているんです。環境エンジニアからすると，温室のようにオーバーヒートするので，普通は避けるところですが，周囲が高い建築に囲まれていて，縦長プロポーションの空間なので，そこであえて光と熱を取り込んで，上のほうでオーバーヒートさせて温度差をつくる。そうすると，温度差換気によって居住域に外部の風が流れ込み，ピストンフローとして居住域から上部の熱溜まりへと風の流れがつくられ，実は居住域を快適に保つことができる。従来的にはタブーとされているようなところに環境的な意味を見出して，それをポジティブな要素に捉え変えたというのが，面白かったですね。

気温26℃・湿度50％の先の設計／新しい許容値

海野 今までは，たとえば気温26℃・湿度50％という一つの環境をつくる設計が進んでいて，その先に微気候空間のようなばらつきをもたせようとなってくると，その範囲の設定が難しいですね。

荻原 私の場合，揺らぎを受けもたせる空間をつくろうとすれば，そこはあまり数字では測っていないかもしれないですね。標準が26℃なら，24℃から28℃まで用意すればよいのか，という話ではなくて，利用する人の五感にしっかりとその揺らぎを認識させることを建築家と一緒に考えます。たとえば換気窓一つでも，必ず「開いていること」を利用者が視覚的に認識できる位置に付けてくれとお願いしています。私たちのつくる環境特性を利用者と共有するためのアプローチは建築と協働しないとできない。まあ，とはいえ嫌がられて，みんな，やっぱり換気窓のサッシは見せたくないとか言い始めるんですけど（笑）。

花岡 僕も自然換気のための窓については，わかりやすい位置に付けることが多いので，できるだけ綺麗な製品があればと思っています（笑）。

竹中 パッシブなときにできるだけ自然環境を取り入れていくことも重要ですし，アクティブで空調するときにも，空間のありようによって人の許容度が変わってくると思っています。NICCAイノベーションセンター〔小堀哲夫建築設計事務所，2017, P86〕では，室内を外のように感じてもらうために自然光を一部壁に落としています。空間の屋内的・屋外的なグレードがどのように感じられるかを念頭において計画することで，空調する時期もしない時期も，よりエネルギーを減らすことができると感じています。また，環境のグラデーションマップを見せて好みの環境を選択してもらうなどの環境行動をうながすにしても，そもそも自分が好きな環境がわからない，自覚していないということもあります。設計側は，環境の受け取り方を含めてデザインすることが重要だと思っています。

青木 人間のことをもっと知らないと置いていかれるなって最近思っています。実は，あるオフィスで幹線道路側に換気窓を設けたんですが，開けるとうるさいという苦情が出てしまって。ところが，コロナ禍で換気の重要性が高まって，「外の音がする＝換気できている＝安心」という良い評価に変わったという話を聞いて，驚きました。

清野 構造が直接的に建築のかたちをつくっていくのに対して，環境は，かたちづくられた建築の，そのかたちによって生まれる光環境や風の流れ，熱，音の響き方など，建築のかたちというレイヤーをはさんだ結果生じる見えないものをどのように扱うかということを意識しなければと感じます。また，その評価には人という不確定要素が関わるのもおもしろい点で，人がどう感じるかによって，その環境は良くも悪くもなり得る。今まで，PMVやSET*（標準新有効温度）のような人間の生理現象を鑑みつつ，統計的な指標で定量的に評価してきましたが，そこから一歩進んで，人の受け止め方や，行為，振舞いと建築の関係に環境がどう影

⑫神保町シアタービル（日建設計）内の劇場では，セリフが明瞭に聞こえると同時に，響きを残した音環境を目指した
（撮影：野田東徳／雁行舎）

響を与えるのかを評価するということですね。人に対する解像度を上げていくことが大事だと最近はすごく感じています。

海野 シミュレーション技術の発達によって、今までは定量的に考慮しきれていなかったことも、どんどんできるようになってきています。一方で、建築のかたちや素材の全てを環境シミュレーションとその評価結果に結び付けて設計するのはあまりにも非人間的だ、という議論もあります。今後われわれは技術の進展に伴い、より多くのものを定量的に評価するというスタンスを取り続けるべきでしょうか。

花岡 僕らはプロフェッショナルとして建築に携わっているので、責任が発生します。専門領域についても、関係者に丁寧に説明しながら設計を進める必要がある。専門家として判断したりアドバイスすることは大切で、考えなければ考えなかったなりのものが建つだけです。何も考えないで、実は知らないうちに何かが規定されてしまう状態が一番危ない。定量的に評価できるもの、言葉でしか表現できないもの、言語にもできない感覚的なもの、それらを全て扱うことが建築だと思いますが、エンジニアリングは、私達の責任を全うしながら、自由度を上げることにつながっていると思います。

荻原 むしろ今の若い人たちは、取りこぼしというよりも、そこに新しい可能性を見出してるんじゃないかな。26℃・50%ではない環境っていうものがどういうものなのか、僕たちが解けていないところには常に無限の可能性があって、そこにアプローチしていると突然新しい建築の在り方が生まれたりする、そういうところに、魅力を感じてるんじゃないかと期待しています。僕らも環境や建築をやっていて、いまだに新しい発見が毎回あるじゃないですか。まだまだ知られていないことが多いっていうのが普段見えない、触れることのできない「環境」を扱うことの魅力だと思うんですよね。

環境から考える都市と公共性

花岡 僕らは何か諸条件を与えられてから設計するだけでなく、その目的を考えて、与条件を再考することが必要な場合もあると思います。

荻原 たとえば、松原市民松原図書館〔MARU。architecture + 鴻池組、2019、P98〕の最初の設計要件は、ため池の半分を埋めてそこに図書館を建ててくださいというものだったのですが、それはおかしいのでは、というところから始まりました。ため池はその場所の風景で、水辺としての価値や意味も大きいので、池を残して建築をそこに統合しよう、つまり水の中に建てようという話にもっていったのですが、建築と都市が元々もっているポテンシャルがしっかり接続する環境をつくるべきではないか、というのを最初に議論したんですよ。建築と構造と環境と、

⑬One Central Park（ジャン・ヌーヴェル+PTW）。反射板「ヘリオスタット」を用い、建物間に光を落とす
（写真提供：青木亜美）

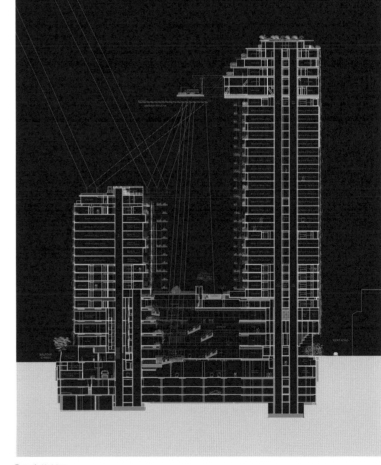

⑭同全体断面
（Design architect: Ateliers Jean Nouvel - Collaborating architect: PTW Architects）

あとは施工ですね。設計・施工一体のプロポーザルだったので，議論したことが最終的にすごく良い結果になって，建築と都市を結びつけられた。これができるのは意外と環境じゃないかなと思っているんですよ。

花岡 本当にそうだと思います。

荻原 今，都市の議論と建築の議論が別々になっているけれど，建築はどんどん公共性を帯びていて，街に開こうとするものが増えているけれど，公共性を帯びた環境って何なのかなとか考えてみると，あまりちゃんと考えてこなかったなと。公共性を受けた環境のあり方っていうのがあると，さらに都市と建築を結びつける役割に貢献できるんじゃないかなと思う。そこを何か考えたいなという気がしています。たとえばOne Central Park〔⑬⑭Ateliers Jean Nouvel＋PTW, 2013〕はダイナミックすぎるかもしれないけれど，建物と建物の間に光を通すとか，都市と建築の間を結ぶとか，元々その場所が面白ければそれでも良いし，逆に建築をつくることによって，そこに新しい微気候が生まれたり，新しい建築と都市の間の空間が生まれたりしているはずですよね。

花岡 この建物の隣にあるから，こちらの建物をこうしようといった，隙間環境を与条件の対象としたり，隙間空間自体をデザインできたりといった，都市の所有区分や管理区分をまたぐ隙間の話は，都市と建築を結びつけるうえですごく重要になってくると思います。都市全体のシステムを大きく設計するという視点とは別に，単体の建物を建てるときにも，都市に働きかけてじわじわと広がるようなデザインの領域があるように感じます。

荻原 そういう都市の隙間，街の隙間をどうデザインするかという話は，建築家や都市計画家ではいるけれど，環境デザインではまだ誰も言っていないので，そこも統合されていくと面白いだろうと思います。われわれが環境からのアプローチを使ってぜひデザインしたいですね。

［略歴］

荻原廣高（おぎはら ひろたか）

1974年愛知県生まれ。1998年神戸大学建設学科卒業。NTTファシリティーズを経て，2008年Arup東京事務所入社。2015〜17年ロンドン本社所属，2023年deXen設立。現在，神戸芸術工科大学教授，deXen代表。主な担当プロジェクトに「松原市民松原図書館」（MARU。architecture＋鴻池組，2019），「太田市美術館・図書館」（平田晃久建築設計事務所，2017），「みんなの森 ぎふメディアコスモス」（伊東豊雄建築設計事務所，2015）など。

花岡郁哉（はなおか いくや）

1975年東京生まれ。2001年東京大学大学院工学系研究科建築学専攻修了後，竹中工務店入社。主な担当プロジェクトに「CORNES HOUSE」（2023），「東陽町ぐりんたす」（2023），「リバー本社」（2020），「EQ House」（2019），「カンダホールディングス本社」（2019），「日本海事検定協会本部ビル」（2018），「ハナマルキみそ作り体験館」（2018），「池袋第一生命ビルディング」（2014）など。

青木亜美（あおき あみ）

1977年群馬県生まれ。2002年東京大学大学院工学系研究科建築学専攻（応用音響工学）修了。2005年日建設計入社。現在，同社エンジニアリング部門設備設計グループ環境デザイン室室長兼音響エンジニア。主な担当プロジェクトに「ヤマハ銀座ビル」（2010），「桐朋学園大学調布キャンパス1号館」（2014），「さっぽろ創世スクエア」（2018），「東京音楽大学 中目黒・代官山キャンパス」（2019），「JR熊本駅ビル」（2021）など。

海野玄陽（うんの げんき）

1988年東京生まれ。2014年早稲田大学大学院修士課程修了後，竹中工務店設計部入社。2021〜23年Singapore-ETH Centre Future Cities Lab Global客員研究員。専門は建築環境工学，設備設計，都市計画（特にモビリティ，サーキュラーエコノミー，ガバナンス）。主な担当プロジェクトに「リバー本社」（2020）など。

清野新（きよの あらた）

1989年東京生まれ。2014年東京大学工学系研究科建築学専攻終了後，Arup東京事務所を経て2023年よりArupサンフランシスコ事務所勤務。現在，同社シニアサステナビリティコンサルタント。主な担当プロジェクトに「太田市美術館・図書館」（平田晃久建築設計事務所，2017），「台南市美術館」（坂茂建築設計，2019），「ヤオコー本社ビル」（伊東豊雄建築設計事務所，2019），「MONOSPINAL」（山口誠デザイン，2023）など。

竹中大史（たけなか たけし）

1990年兵庫県生まれ。2015年早稲田大学大学院修士課程修了後，Arup東京事務所入社。2023年より明治大学兼任講師。主な担当プロジェクトに「マルホンまきあーとテラス」（藤本壮介建築設計事務所，2021），「2020年 ドバイ国際博覧会 日本館」（電通ライブ・永山祐子建築設計・NTTファシリティーズ，2021），「NICCA イノベーションセンター」（小堀哲夫建築設計事務所，2017）など。

本章では，前章で扱った光・熱・風・水・音に関する
建築環境デザインの特徴がよく表れた18の事例を紹介する。
各事例に付した編著者らの解説を手がかりに
手法とディテールを読み解き，設計の参考としてほしい。

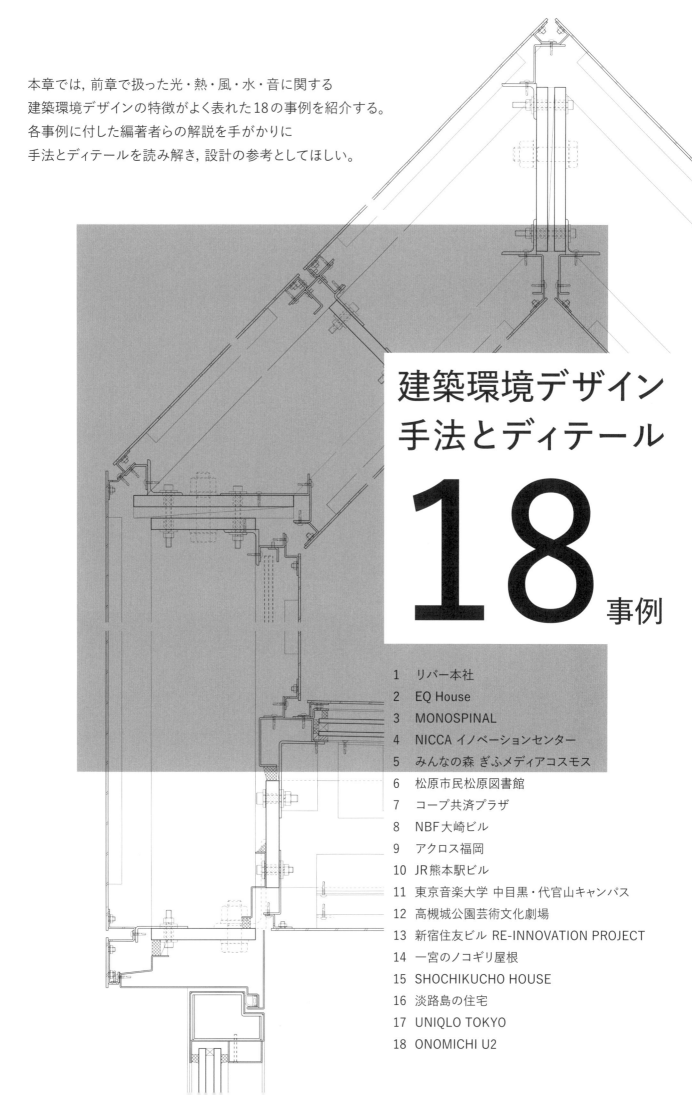

建築環境デザイン手法とディテール 18 事例

1 リバー本社
2 EQ House
3 MONOSPINAL
4 NICCA イノベーションセンター
5 みんなの森 ぎふメディアコスモス
6 松原市民松原図書館
7 コープ共済プラザ
8 NBF 大崎ビル
9 アクロス福岡
10 JR 熊本駅ビル
11 東京音楽大学 中目黒・代官山キャンパス
12 高槻城公園芸術文化劇場
13 新宿住友ビル RE-INNOVATION PROJECT
14 一宮のノコギリ屋根
15 SHOCHIKUCHO HOUSE
16 淡路島の住宅
17 UNIQLO TOKYO
18 ONOMICHI U2

1

外部環境の移ろいを内包するオフィス

リバー本社
竹中工務店

REVER CORPORATION HEADQUARTERS
by TAKENAKA CORPORATION

施工：竹中工務店
構造：RC造
規模：地上4階
竣工：2020年2月
所在：東京都墨田区
撮影：ナカサアンドパートナーズ（P74, P75, P76）
　　　井上登写真事務所（P77）

都心部の中層高密の職住混合地域において，外部環境を感じられるオフィスを実現するためには，周辺建物との見合いを解消しながら，内外をつなぐ必要がある。リバー本社においては，壁のスリットと，トップライトからの光が，柔らかくバウンドしながら入るように設計されている。その形状については，コンピューターの活用によるパラメトリックデザインによって，精度高く自然光をシミュレートしたうえで形状を決定している。　（花岡）

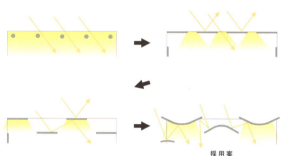

自然光を間接的に取り込む外壁形状の検討

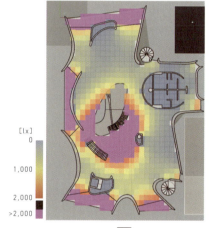

有効昼光照度（UDI）:47.23%

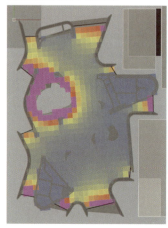

有効昼光照度（UDI）:47.85%

吹抜形状や位置を検討することで、
明るすぎる（日射負荷となりうる）部分を約60％削減

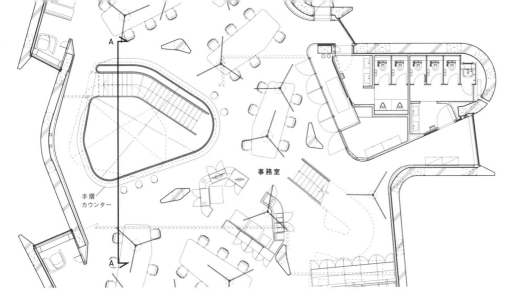

3階平面 1/200

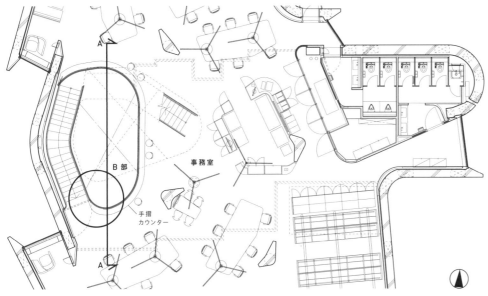

2階平面 1/200

リサイクルを中心としたグループ会社を統括する持株会社の中規模オフィスビルである。光や風などの都市に潜む自然環境に呼応することで，都心においても人と自然をつなぐことを目指した。緩やかにつながる有機的な空間に，適度に緩和された自然光とそよ風を取り込んでいる。建物の中央の吹抜けや外壁の形状は，シミュレーションを重ねることで，場所ごとのアクティビティ（デスクワーク・ミーティング・移動）に適した光環境になるようチューニングした。空調はアンダーフロアとして居住域を効率的に空調しつつ，開口部に電動開閉窓を設置し，吹抜けを自然換気にも活用することで，そよ風を生み出している。室内の仕上げを極力なくし，コンクリートの躯体をそのまま生かして内外の印象を近づけ，室内にいながら屋外の環境の変化を楽しむことができるワークプレイスとしている。

（竹中工務店　花岡郁哉）

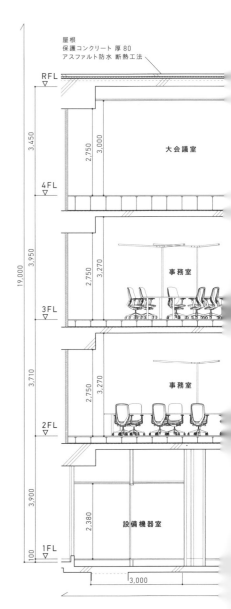

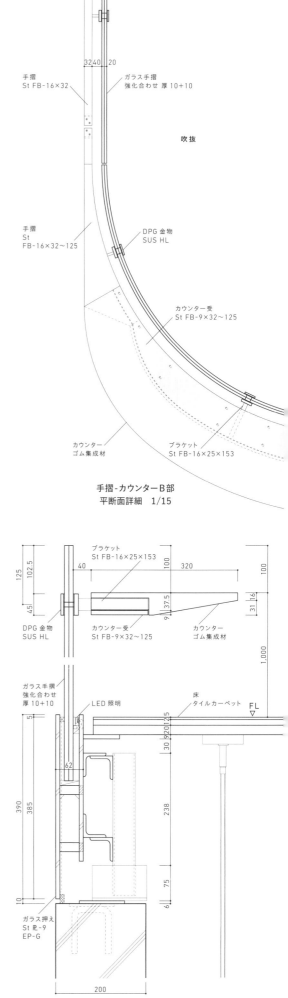

手摺-カウンターB部
平断面詳細 1/15

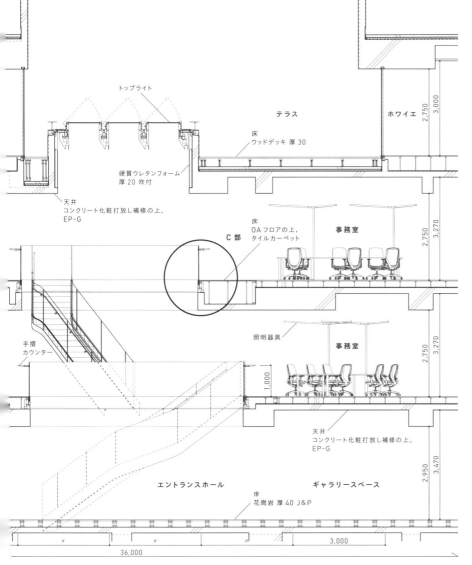

A-A断面 1/120

カウンターC部断面詳細 1/8

2

生命が宿るような建築

EQ House
竹中工務店

EQ House
by TAKENAKA CORPORATION

施工：竹中工務店
構造：S造
規模：地上1階
竣工：2019年3月
所在：東京都港区
撮影：ナカサアンドパートナーズ (P78, P79)
　　　井上登写真事務所 (P81)

AIやIoTの活用によって，人と建築と環境の間に新しい関係性を創造できる可能性が広がる。EQ Houseでは，開口，半外部空間，電動調光フィルム，各種センサー，空調や照明といった環境を制御する要素を，建築デザインに統合することで，大きな木の下にいるような快適性を生み出している。建築，構造，設備については，相互の関係性に基づいて決定し，ディテールは，設備機器が突出した印象にならないよう配慮している。　（花岡）

PARAMETRIC STUDY

STEP0　デザイン対象の設定

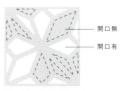

開口の有無によるバリエーション

開口無
開口有

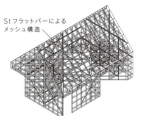

Stフラットバーによるメッシュ構造

躯体はStフラットバーによるメッシュ構造で，開口の露出を避けるようにデザインされた

STEP1　最適化の変数設定

変数1 パネルレーザーカット長（EL）：小→施工性大
変数2 有効昼光照度（UDI）：大→人工照明負荷小
変数3 直達日射量（DSE）：小→空調負荷小

STEP2　パレート解を導出

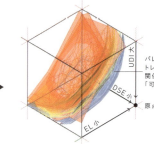

パレート境界
トレードオフ（一方が良いと他方が悪くなる）関係の三つの変数について「可能な限り良い」点が構成する面

原点 = 三つの変数それぞれが最良の値をとっている状態（理論値）

UDI 大
DSE 小
EL 小

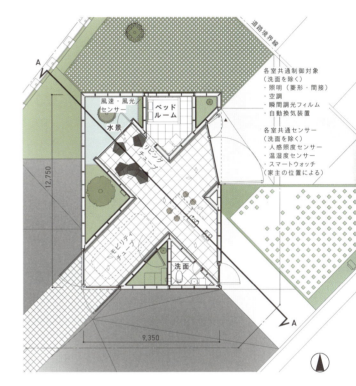

平面 1/250

STEP3 パレート解の一つを選択

個体1
パネルレーザーカット長（EL）：
1,942.949m

有効昼光照度（UDI）平均：
43.371%

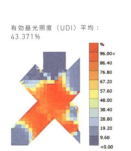

直達日射量（DSE）平均：
61,788

採用案　有効昼光照度（UDI）平均：51.021%

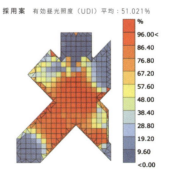

直達日射量（DSE）平均：62,251

個体2
パネルレーザーカット長（EL）：
2,122.742m

有効昼光照度（UDI）平均：
45.943%

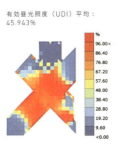

直達日射量（DSE）平均：
62,031

最適解の中から，
最も開放的な印象と
なるものを選定

パネルレーザーカット長（EL）：
3,078.997m

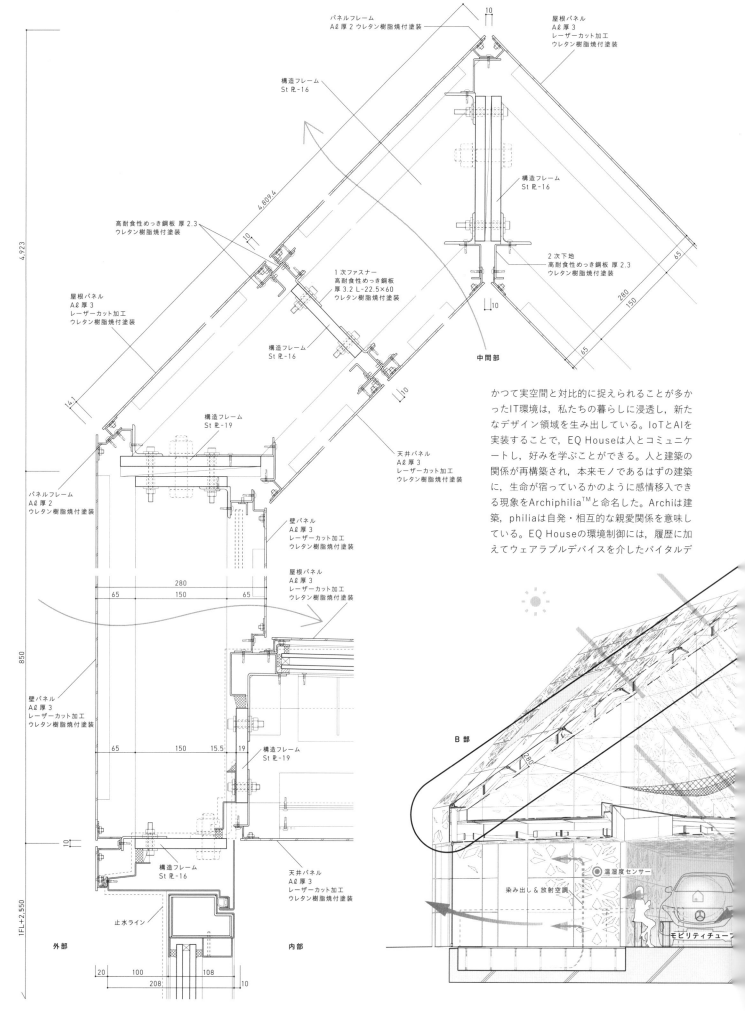

かつて実空間と対比的に捉えられることが多かったIT環境は，私たちの暮らしに浸透し，新たなデザイン領域を生み出している。IoTとAIを実装することで，EQ Houseは人とコミュニケートし，好みを学ぶことができる。人と建築の関係が再構築され，本来モノであるはずの建築に，生命が宿っているかのように感情移入できる現象をArchiphilia™と命名した。Archiは建築，philiaは自発・相互的な親愛関係を意味している。EQ Houseの環境制御には，履歴に加えてウェアラブルデバイスを介したバイタルデ

ータも活用される。光・熱環境を好ましく感じたときは，画面上の「いいねボタン」で家に伝え，いわば「褒めて育てる」こともできる。自然の一部のようにも感じられるデザインを目指し，1,200枚に及ぶ外装パネルの開口形状は遺伝的アルゴリズムを用いたコンピュテーショナルデザインを実施しながら決定し，空調や照明の他に，電動開閉式の給排気口や瞬間調光フィルムにより自然光と自然通風を電気的に制御することで，木漏れ日に包まれたような心地よい環境を生み出した。 （竹中工務店　花岡郁哉）

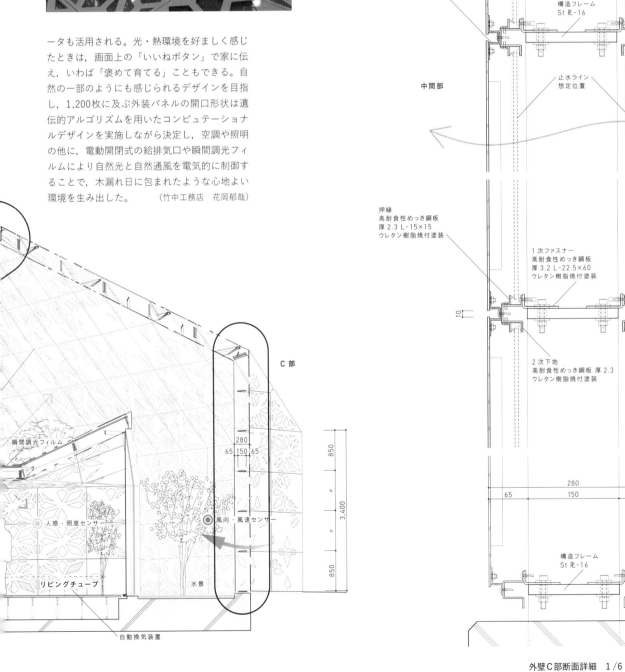

外壁C部断面詳細　1/6

3

斜壁による
環境制御の
デザイン

MONOSPINAL
山口誠デザイン

MONOSPINAL
by Makoto Yamaguchi Design

施工：清水建設
構造：S造（一部CFT），SRC造（基礎免震構造）
規模：地上8階，地下1階
竣工：2023年6月
所在：東京都台東区
撮影：鳥村鋼一

外観を特徴づける斜壁によって，階ごとの用途に合わせた環境がつくられている。斜壁はウィンドキャッチャーとして室内に穏やかな風を取り込むとともに，階ごとにその高さを変えることで微細な環境の変化を生み出している。その形状は光（自然光）・熱（直達日射）・音（高架線路の騒音）の3要素をもとに最適化され，遮音に特化した静寂な階や，自然光を多く取り入れた明るく開放的な階など，多様な内部環境を生み出した。（清野）

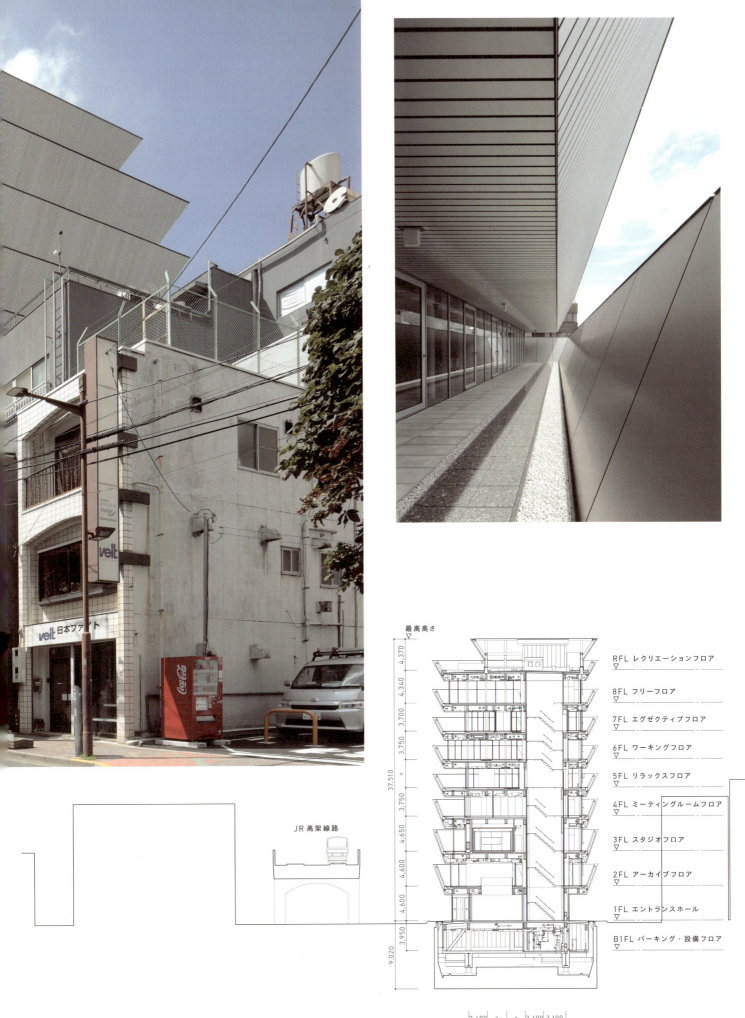

断面 1/500

RFL レクリエーションフロア
8FL フリーフロア
7FL エグゼクティブフロア
6FL ワーキングフロア
5FL リラックスフロア
4FL ミーティングルームフロア
3FL スタジオフロア
2FL アーカイブフロア
1FL エントランスホール
B1FL パーキング・設備フロア

JR 高架線路

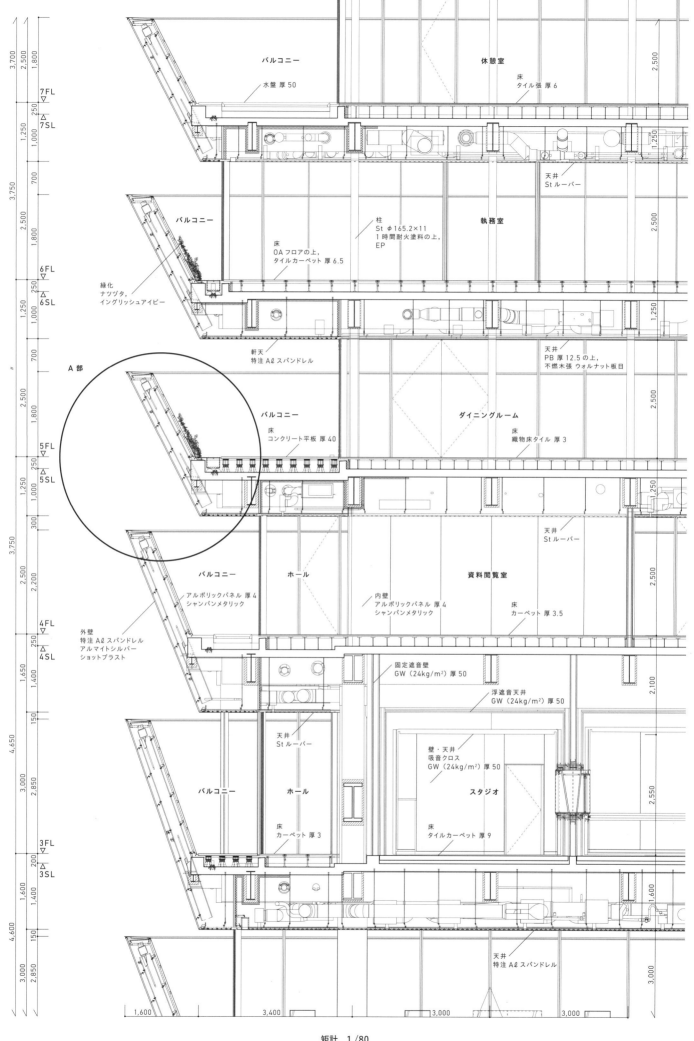

矩計 1/80

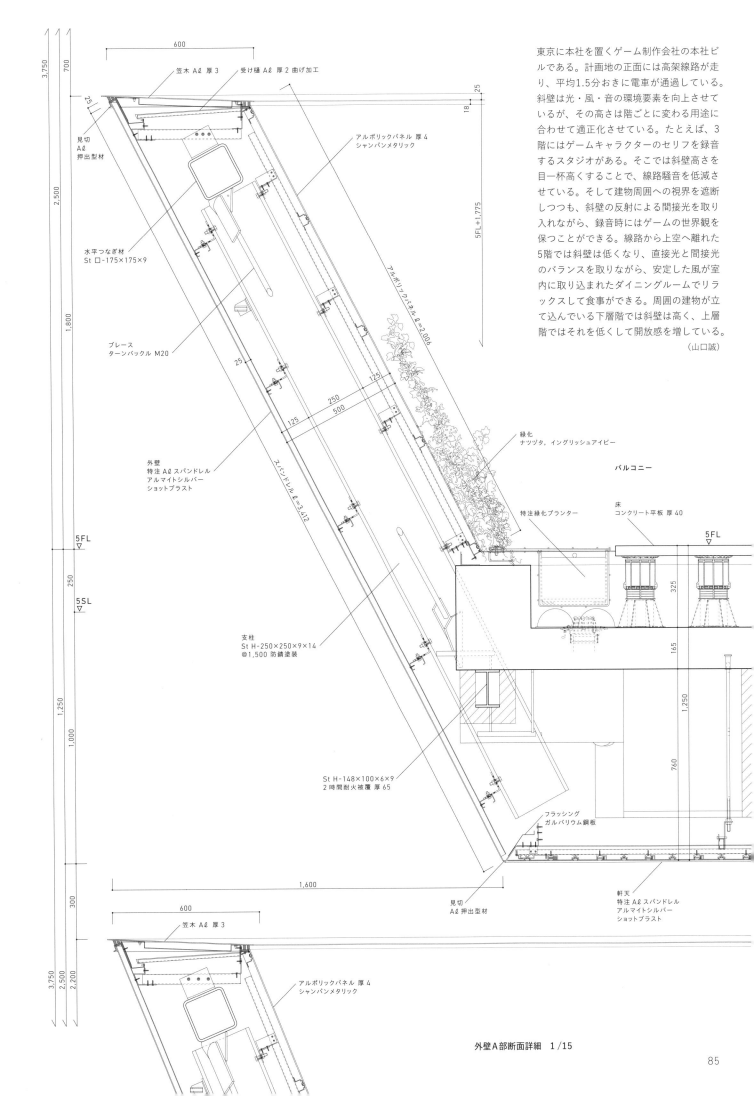

東京に本社を置くゲーム制作会社の本社ビルである。計画地の正面には高架線路が走り、平均1.5分おきに電車が通過している。斜壁は光・風・音の環境要素を向上させているが、その高さは階ごとに変わる用途に合わせて適正化させている。たとえば、3階にはゲームキャラクターのセリフを録音するスタジオがある。そこでは斜壁高さを目一杯高くすることで、線路騒音を低減させている。そして建物周囲への視界を遮断しつつも、斜壁の反射による間接光を取り入れながら、録音時にはゲームの世界観を保つことができる。線路から上空へ離れた5階では斜壁は低くなり、直接光と間接光のバランスを取りながら、安定した風が室内に取り込まれたダイニングルームでリラックスして食事ができる。周囲の建物が立て込んでいる下層階では斜壁は高く、上層階ではそれを低くして開放感を増している。

（山口誠）

外壁A部断面詳細　1/15

4

ゆたかな光環境をつくる隠れた仕組み

NICCAイノベーションセンター
小堀哲夫建築設計事務所

NICCA INNOVATION CENTER
by Tetsuo Kobori Architects

施工：清水建設
　アルミルーバー工事：旭ビルウォール
　トップライト工事：ナガオカサッシ工業
　アルミサッシ工事：YKK AP
　ガラス工事：日本板硝子
　金属屋根工事：三晃金属, 日鉄住金鋼板
竣工：2017年11月
構造：SRC造, 一部S造
規模：地上4階
所在：福井県福井市
撮影：畑 拓

自然光を利用した明るさ確保と日射熱除去を両立するため，コンクリート天井スリットが計画されている。スリットに角度をつけることで直達日射を反射・拡散し柔らかい光として室内に取り入れるとともに，スリットに埋設した配管には豊富な地下水を利用した冷却水を流すことで，日射熱は室内に取り込まない仕組みとなっている。地下水は室内の放射（輻射）空調・研究用途・トイレ洗浄・融雪などにも利用し，井水ポテンシャルを最大限生かした建築である。　　　　　（竹中）

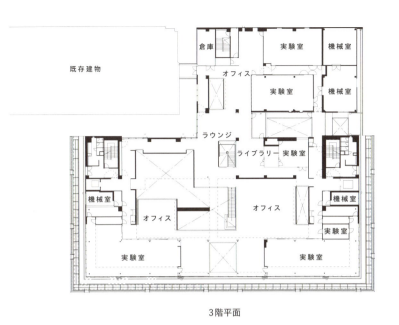

3階平面

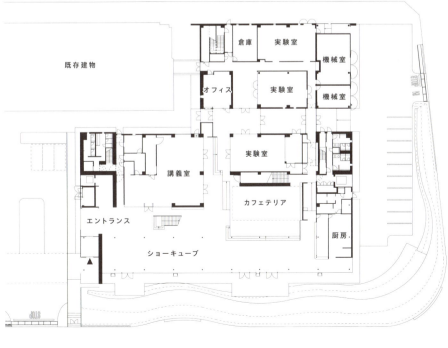

59,700
29,695

2階平面

1階平面　1/800

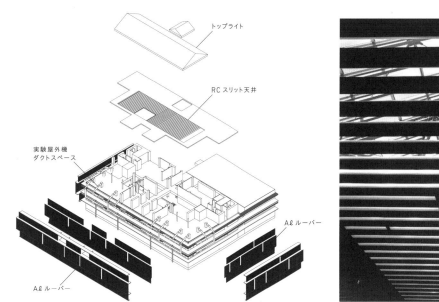

構成ダイアグラム

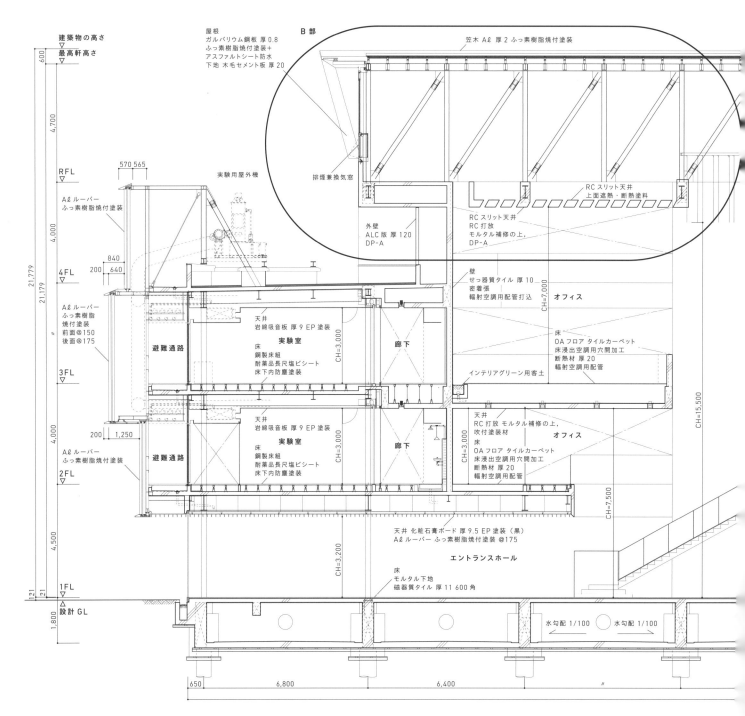

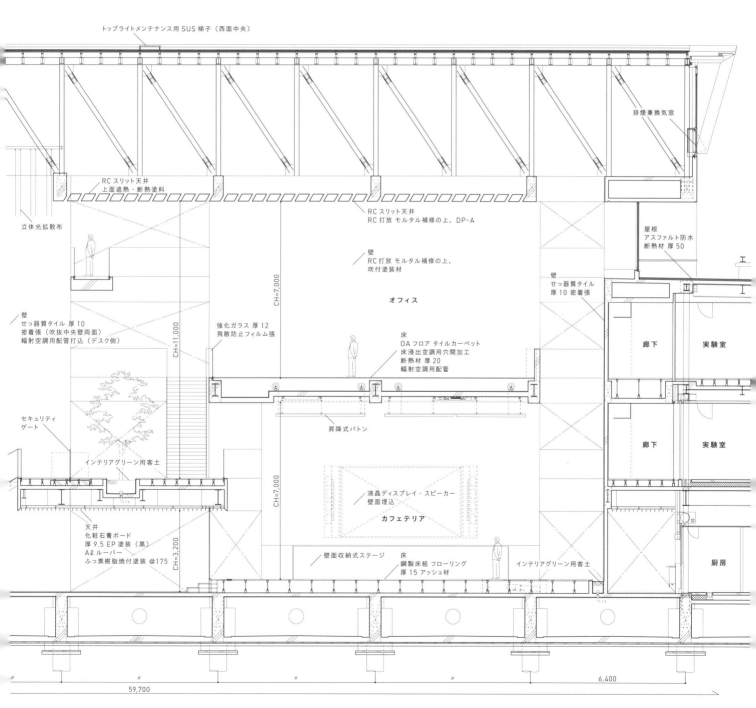

A-A断面　1/150

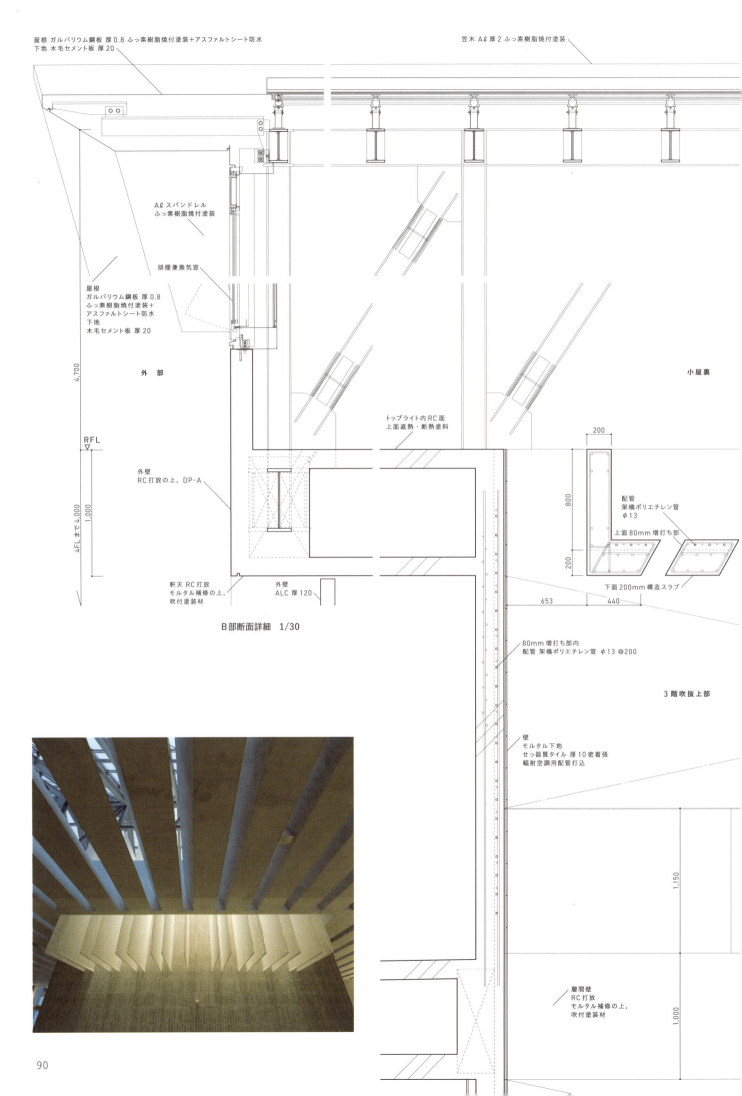

屋根 ガルバリウム鋼板 厚0.8 ふっ素樹脂焼付塗装＋アスファルトシート防水
下地 木毛セメント板 厚20

笠木 Aℓ 厚2 ふっ素樹脂焼付塗装

Aℓ スパンドレル
ふっ素樹脂焼付塗装

排煙兼換気窓

屋根
ガルバリウム鋼板 厚0.8
ふっ素樹脂焼付塗装＋
アスファルトシート防水
下地
木毛セメント板 厚20

外 部

4,700
RFL ▽
4FL まで 4,000
1,000

外壁
RC打放の上，DP-A

トップライト内RC面
上面遮熱・断熱塗料

小屋裏

200
800
配管
架橋ポリエチレン管
φ13
上面80mm増打ち部
200
下面200mm構造スラブ

軒天 RC打放
モルタル補修の上，
吹付塗装材

外壁
ALC 厚120

653　440

B部断面詳細　1/30

80mm増打ち部内
配管 架橋ポリエチレン管 φ13 @200

3階吹抜上部

壁
モルタル下地
せっ器質タイル 厚10密着張
輻射空調用配管打込

1,150

層間壁
RC打放
モルタル補修の上，
吹付塗装材
1,000

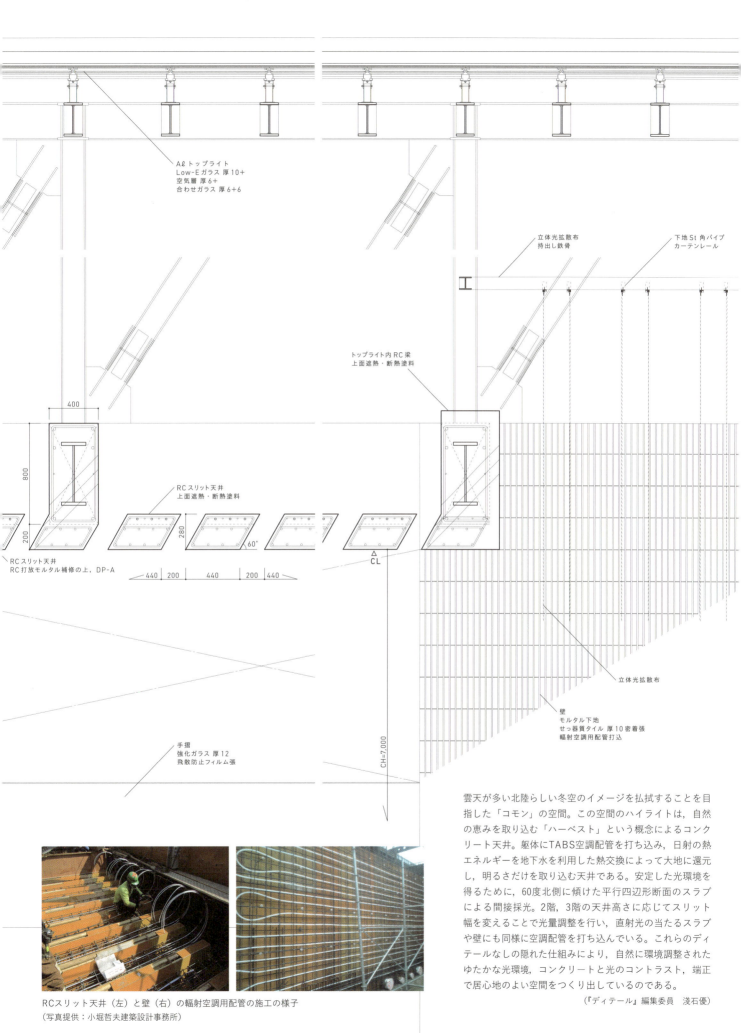

雲天が多い北陸らしい冬空のイメージを払拭することを目指した「コモン」の空間。この空間のハイライトは，自然の恵みを取り込む「ハーベスト」という概念によるコンクリート天井。躯体にTABS空調配管を打ち込み，日射の熱エネルギーを地下水を利用した熱交換によって大地に還元し，明るさだけを取り込む天井である。安定した光環境を得るために，60度北側に傾けた平行四辺形断面のスラブによる間接採光。2階，3階の天井高さに応じてスリット幅を変えることで光量調整を行い，直射光の当たるスラブや壁にも同様に空調配管を打ち込んでいる。これらのディテールなしの隠れた仕組みにより，自然に環境調整されたゆたかな光環境，コンクリートと光のコントラスト，端正で居心地のよい空間をつくり出しているのである。

（『ディテール』編集委員　淺石優）

RCスリット天井（左）と壁（右）の輻射空調用配管の施工の様子
（写真提供：小堀哲夫建築設計事務所）

5

檜板の曲面屋根に吊られた光と風を操るグローブ

みんなの森 ぎふメディアコスモス
伊東豊雄建築設計事務所

Minna no Mori Gifu Media Cosmos
by TOYO ITO & ASSOCIATES, ARCHITECTS

施工：戸田建設・大日本土木・市川工務店・雛屋建設社JV
　木屋根架構工事：マルタケ
　屋根野地板・防水工事：小澤建材
　屋根金物工事：みのや金属工業
　トップライト工事：パナソニック環境エンジニアリング
　トップライト可動ダンパー工事：滝機械
　トップライト受け鉄骨工事：荻浦工業
構造：1階RC造（一部S造），2階S造・木造（梁）
規模：地上2階，地下1階
竣工：2015年2月
所在：岐阜県岐阜市
撮影：畑 拓

大空間の図書館に11個の「グローブ」を浮かべて，空間の連続性と領域性を両立しようと試みている。薄い檜板が波打つように重なる屋根から吊られたグローブは，ポリエステル材の三軸織と不織布によってかたちづくられた。その直下では，グローブを拡散透過した柔らかい自然光と，重力換気による涼風が交わる。長良川の伏流水を熱源にした床放射冷暖房とあわせ，屋内外にわたり，利用者の選択性に優れた多様な居場所を生み出している。
（荻原）

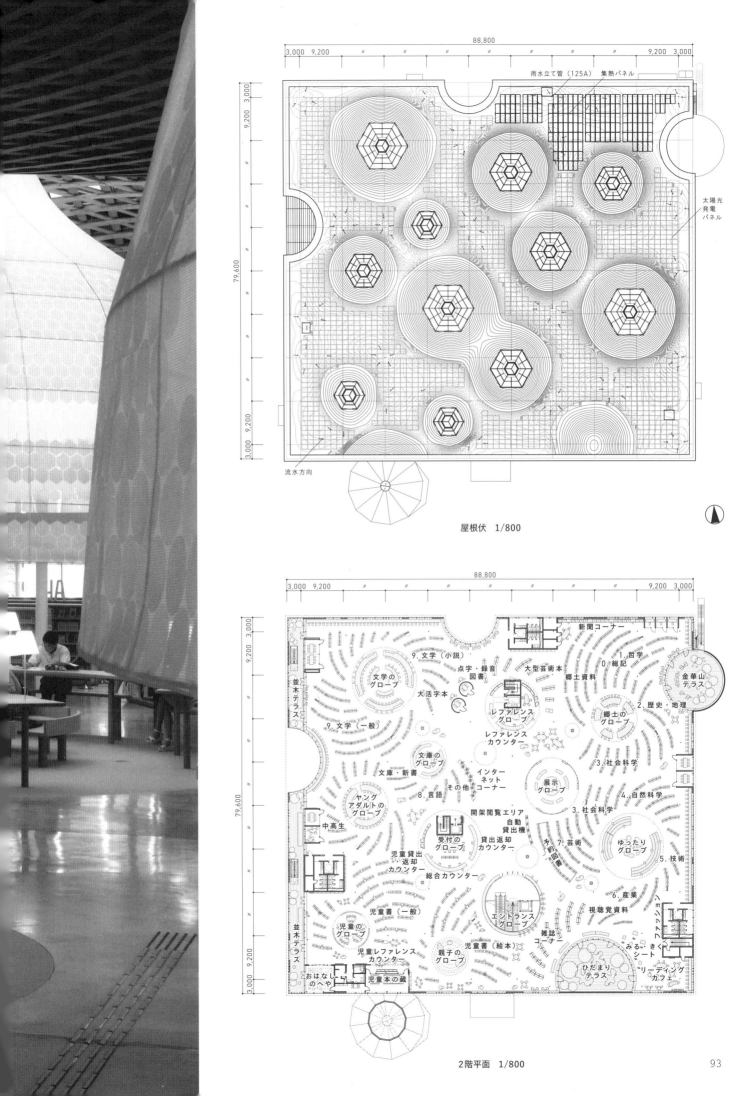

屋根伏 1/800

2階平面 1/800

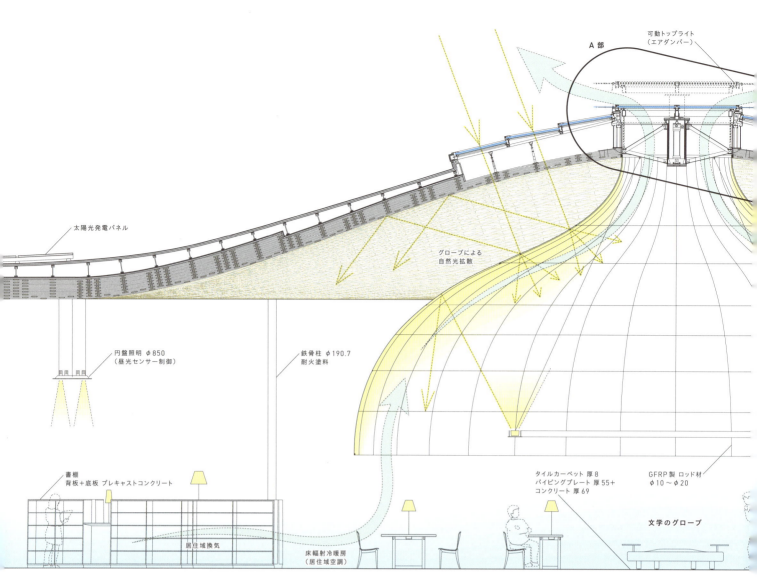

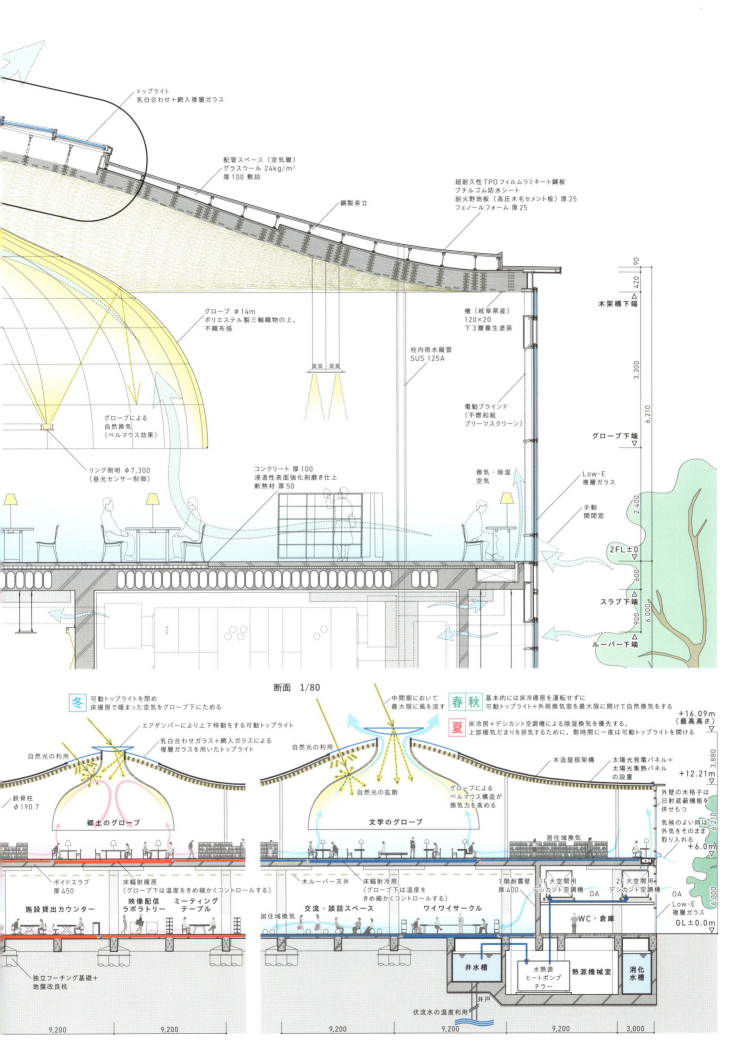

自然換気・自然採光システム模式図 1/300

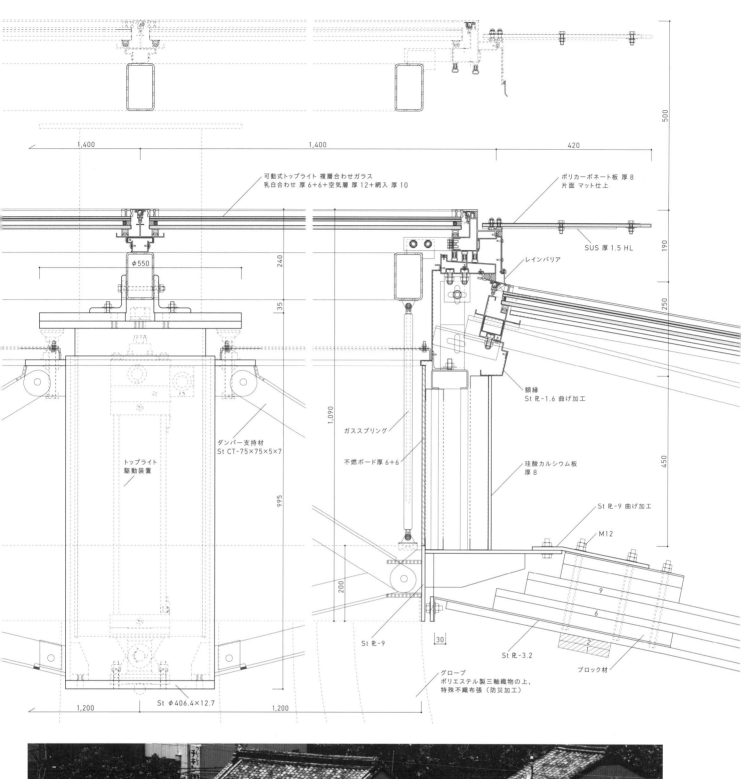

可動式トップライト 複層合わせガラス
乳白合わせ 厚6+6＋空気層 厚12＋網入 厚10

ポリカーボネート板 厚8
片面 マット仕上

SUS 厚1.5 HL

レインバリア

ダンパー支持材
St CT-75×75×5×7

額縁
St PL-1.6 曲げ加工

トップライト
駆動装置

ガススプリング

不燃ボード厚6+6

珪酸カルシウム板
厚8

St PL-9 曲げ加工

M12

St PL-9

St PL-3.2

ブロック材

St φ406.4×12.7

グローブ
ポリエステル製三軸織物の上，
特殊不織布張（防災加工）

大空間を覆う3次元曲面屋根に穿たれたポーラスなトップライトの中心には，エアダンパーによる可動部とグローブが存在する。グローブは，空間を柔らかくゾーニングし居心地のよい場所をつくり出している。グローブは，室内の空気を吸い出す効果を持っているが，これは上下の温度差によるものだけでなく，この形状が持っているベルマウス効果によるところが大きい。トップライトからの光を柔らかく拡散するフィルターであり，晴れや曇りの日には，グローブ下は自然光だけで読書をするのに適した明るさ，グローブ外周は本を探すことに適した明るさになる。グローブには，ポリエステル系の三軸織物を用いているので，容易に3次元曲面をつくることができる。織物自体が吊り材であり，水平方向にGFRPのロッド材を足すだけでこの形が定着する。不織布を隙間をあけて張った光のグローブが，向こう側の気配が感じられる，気持ちのよい空間を生成している。

（『ディテール』編集委員　淺石優）

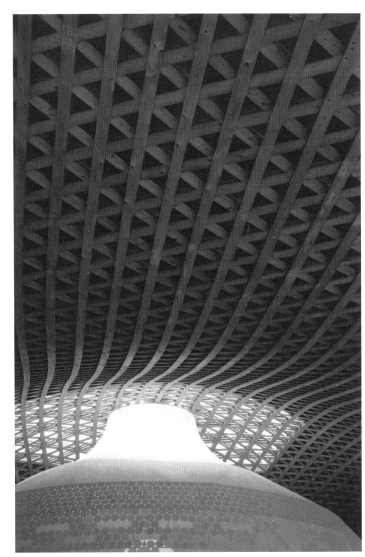

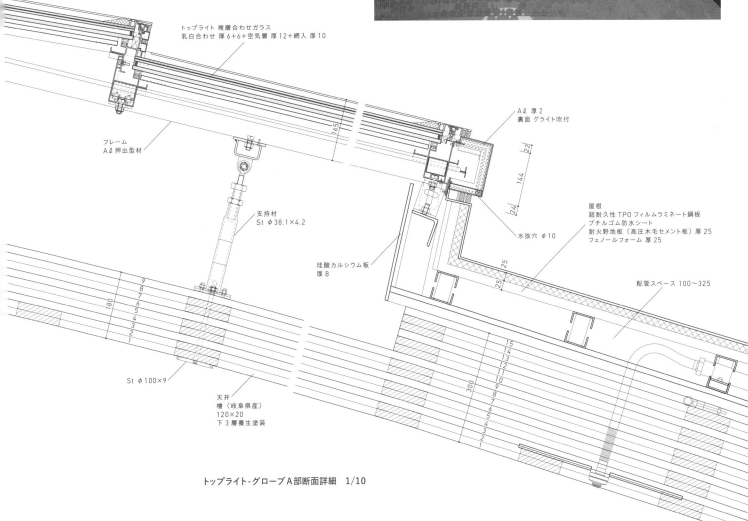

トップライト-グローブA部断面詳細　1/10

6

池から立ち上がる打放し壁

松原市民松原図書館
MARU。architecture + 鴻池組

Matsubara Civic Matsubara Library
by MARU。architecture + Konoike Construction

施工：鴻池組
構造：RC造，一部S造
規模：地上3階，地下1階，塔屋1階
竣工：2019年11月
所在：大阪府松原市
撮影：中村絵

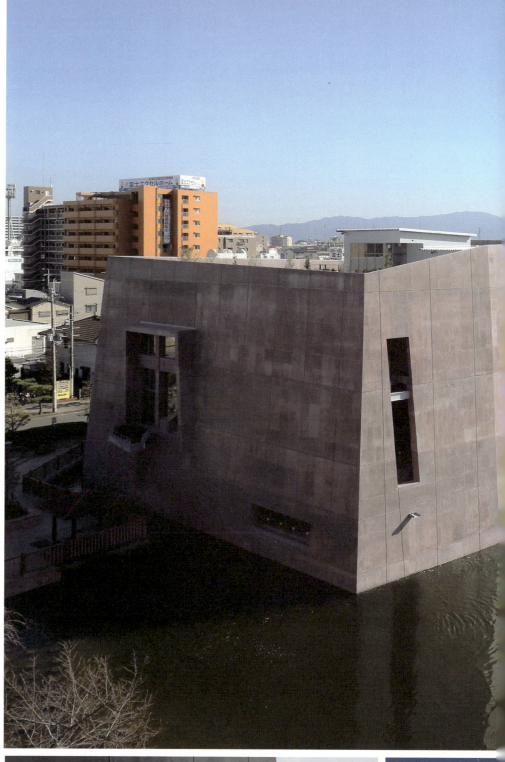

周辺の歴史や景観的な文脈に呼応させようと，600mm厚のRC耐震壁による重々しい外観がつくられている。対照的に屋内は鉄骨造とし，軽快なスキップフロアによって上下階の連続性を生み出している。厚いコンクリート壁の蓄熱性能を生かして，仕上げや断熱を設けずに屋内を安定した温熱環境に保つ。また中間期には，ため池の水面で冷却された外気を屋内に取り込み，3層の吹抜けを通じた重力換気が行われている。　　　　　　　　　（荻原）

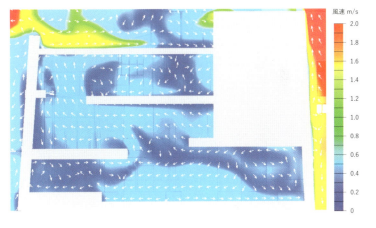

自然換気解析
松原市では春季に西風が、秋季に東風が卓越する。ため池の気化冷却効果により冷やされた外気を効果的に屋内へ導く窓配置と、ずれ合うようにして配置された吹抜けが、1-3階をつなぐ館内全体に0.5m/s以下のまんべんない通風と冷涼感を生み出す。　　（ARUP在籍時　荻原廣高）

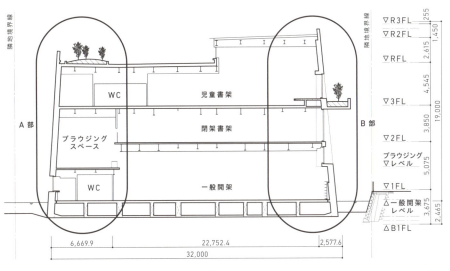

断面　1/400

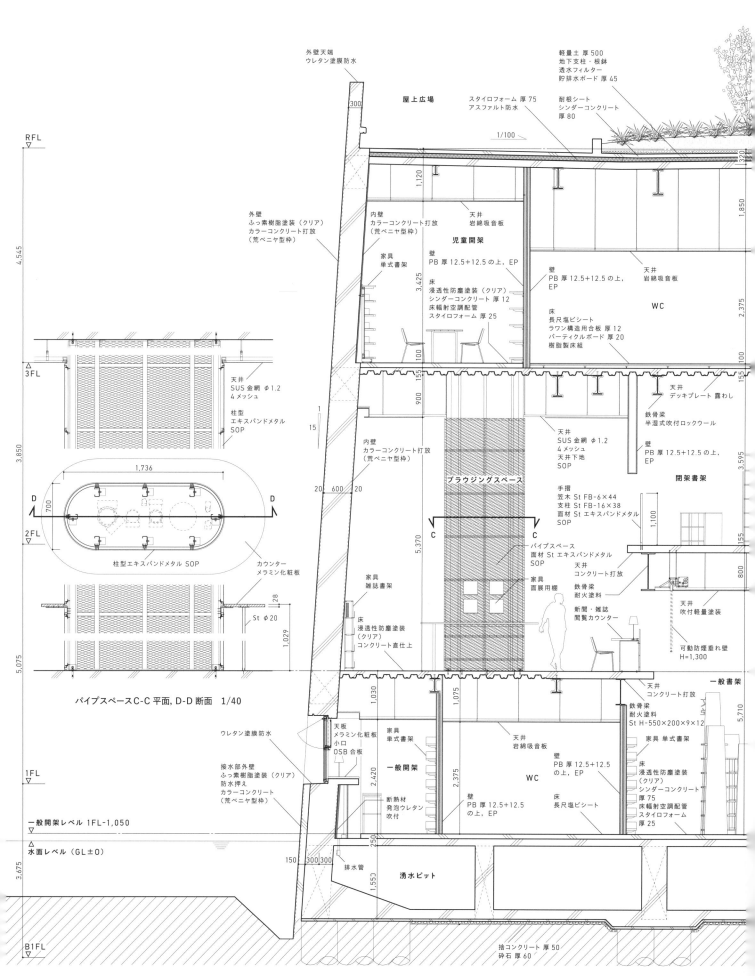

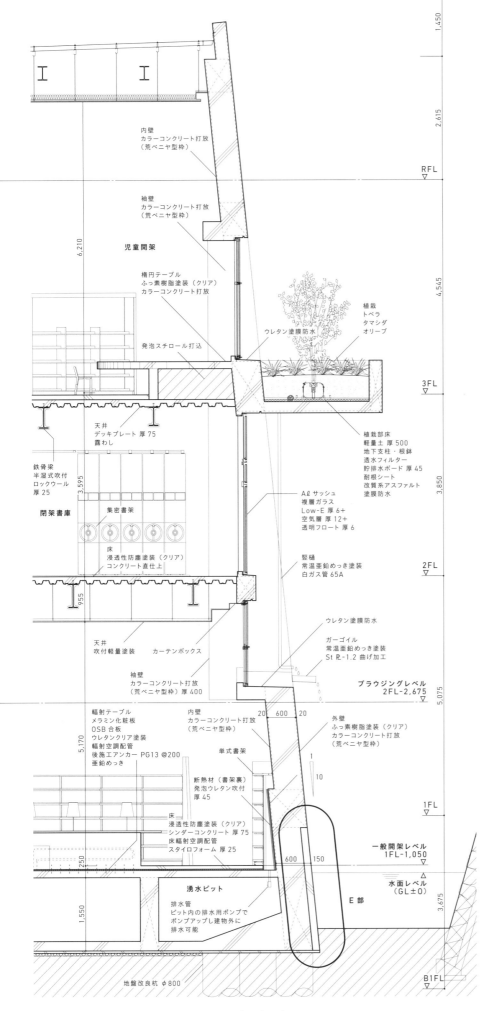

B部矩計 1/80

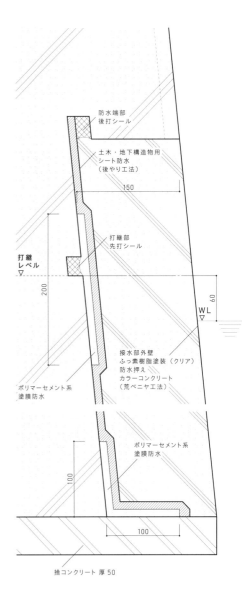

外壁水中防水E部断面詳細 1/5

池の中から立ち上がる60cm厚の打放しコンクリートの壁で囲まれた図書館。壁にはスリットや大きな開口部やテラスがあるが，地震力等はすべてこの壁が負担してくれるので，内部は吹抜けやスキップフロアが軽い鉄骨の梁柱で可能となり，この明快な構成がディテールに至るまで反映されている。壁はやや内側に傾けられて外観の威圧感が軽減され，内部にあっては空間の一体感と落着きをもたらしている。池の中に建てるために一時的に遮水・排水して掘削や地盤改良工事を行い竣工後に水を戻したが，それでも池を埋め立てるより工期は短縮されたという。水中の打放し部分は2度打ちでその間にシート防水を施し，15cmの防水コンクリートを増打ちし，万が一の漏水は雨水貯留槽にためて排水するよう備えている。厚いコンクリート壁は大きな熱容量をもつので，あえて断熱を施さずに床の輻射冷暖房を採用し，夏季は開口部を利用してため池で冷やされた風を屋内に導き，温涼な熱環境を実現しているという。

（『ディテール』編集委員　押野見邦英）

7

高密度な都心部に新たな快適性をもたらすオフィス

コープ共済プラザ
日建設計 / 羽鳥達也

COOP KYOSAI PLAZA
by NIKKEN SEKKEI LTD / Tatsuya HATORI

施工：フジタ
構造：SRC造，一部S造（基礎免震構造）
規模：地上8階，地下2階
竣工：2016年4月
所在：東京都渋谷区
撮影：野田東徳 / 雁光舎

従来の床と天井の関係を逆転させ，床下スペースに機器類を納めて空調換気を行っている。天井面には放射（輻射）空調配管を埋設し，床・天井の両面から空調を行うことで快適な温熱環境を実現している。東西のファサードにはグリーンスクリーンを設けることで，日射遮蔽に寄与するとともに，室内側から見てバイオフィリックな環境を実現している。そのほか，クールヒートチューブや自然換気など，さまざまな環境デザインを取り入れている。
(竹中)

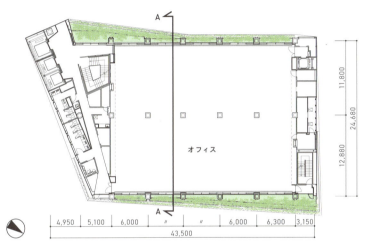

基準階平面　1/600

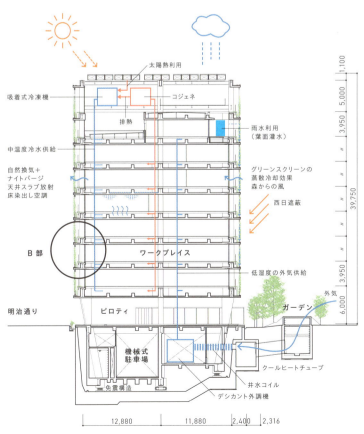

A-A断面　1/600

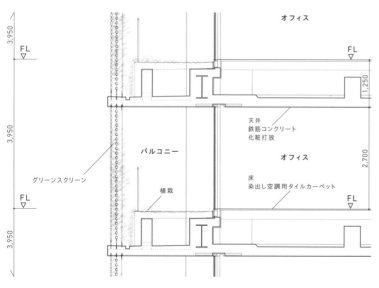

B部断面　1/100

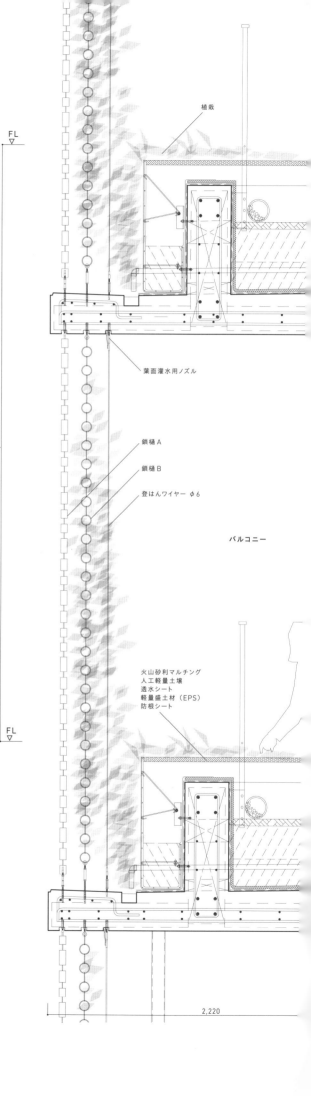

日本生活協同組合連合会が所有する賃貸オフィス。震災では多くの吊り天井が落下したため逆スラブ構法を採用。吊り天井をなくし設備は床下に納めた。床下からしみ出し空調を行い天井スラブからは輻射空調を行う，非常に快適な温度環境を実現。むき出しになったスラブは蓄熱体にもなり，自然換気やナイトパージによる冷熱を溜め，省エネルギーに貢献している。

太陽熱で冷暖房できる新しい熱源システムと，地中熱と井水で外気負荷を減らし乾燥材で除湿する外気導入システムなどを採用し，安心と環境配慮を両立した。窓は自由に開閉でき，カーペットの変更で気流感を変え，照明を付け足すことで自発的に環境をつくることができる。窓辺は緑にあふれヒートアイランド現象を抑制するとともに，街に四季の変化を与えている。木陰の中で働くような居心地のいいオフィス。　（日建設計　羽鳥達也）

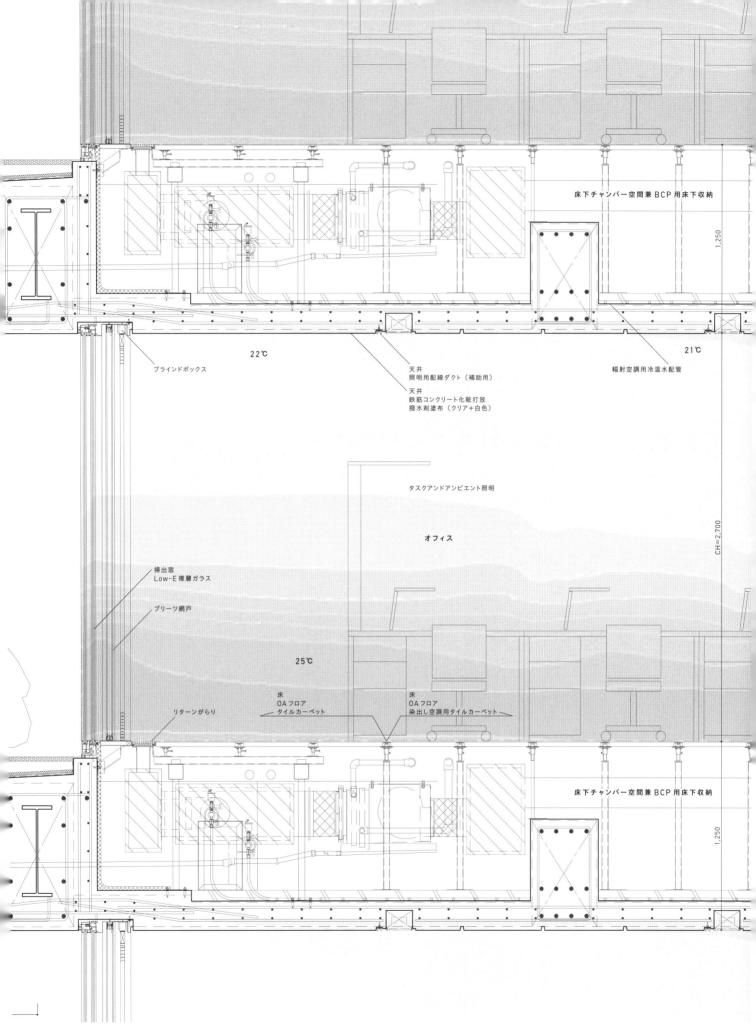

B部断面詳細 1/25

8

建物と周辺環境を同時に冷やすバイオスキン

NBF大崎ビル
日建設計／山梨知彦＋羽鳥達也＋石原嘉人＋川島範久

NBF Osaki Building
by NIKKEN SEKKEI LTD /
Tomohiko YAMANASHI + Tatsuya HATORI +
Yoshito ISHIHARA + Norihisa KAWASHIMA

施工：鹿島建設
　バイオスキン開発協力：TOTO, アベルコ
構造：S造（柱：CFT造），SRC造，
　RC造（中間層免震構造）
規模：地上25階，地下2階，塔屋1階
竣工：2011年3月
所在：東京都品川区
撮影：彰国社写真部

植物の蒸散が気化冷却を生み出すことに倣い，ファサード上に配したテラコッタルーバー（バイオスキン）内部に太陽光由来の電力で雨水を循環させ，ルーバーから滲み出した水分が建物とその周辺を冷却することを意図している。実測では建物から5m離れた場所の空気温度を最大2℃減少させていることが確認された。大型建築物が与える周囲への影響を緩和するだけでなく，むしろ環境を改善することを意図したプロジェクトである。（海野）

世界に名だたる企業の研究開発型オフィスでの事例。東京のヒートアイランドの要因でもある蓄熱体化した建築群に，大きな樹木を植えるがごとく環境改善を図るとの命題を掲げ，これに真摯に対峙し好結果を導き出している。

避難時の安全を担保したバルコニーの手摺は，高保水性素焼きの成70㎜，奥行き110㎜の楕円形多孔質テラコッタルーバーの内部に，太陽光発電の電力で雨水を循環させ，その気化熱効果で周辺と建物自体を冷却する方法が導かれている。「バイオスキン」と名づけられたこの手摺状スクリーンは，カビやコケの発生，凍結割れ，目詰まりへの対策など多くの検討がなされ，完成後の温度測定では，建物自体で晴天時10℃，曇天時4℃，地表面で2℃程度の気温低下を確認できたという。

BIMを駆使した各種シミュレーションと，クラッディングや形態などで部材・仕上げ材・塗装材を極力抑え，建設時のCO_2減やエコマイレージへの配慮など，設計プロセスでの試みには枚挙に暇がない。大型建築を活かしつつ繊細さを併せもった建築に拍手を送りたい。

（『ディテール』編集委員　松家克）

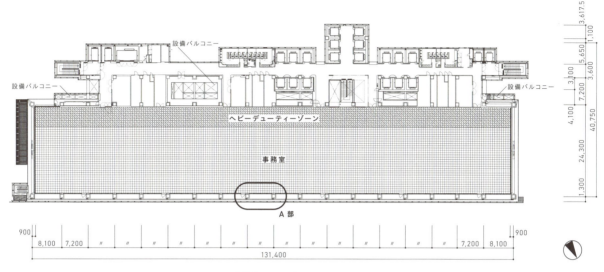

基準階平面　1/1,000

BIMを活用した環境シミュレーション

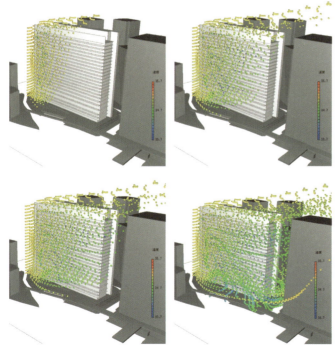

バイオスキンはほとんどエネルギーを使わずに，気温よりも2℃程度低い冷気を大量に生み出し，ヒートアイランド現象を抑制する外装である。この新規の技術を巨大な建築に採用するには，効果，リスクともに施主と施工者が共有できなければ実現し得ない。

BIM（Building Information Modeling）による形態情報からCFD（Computational Fluid Dynamics）により，通常見えない気流や温度を予測，また海風を妨げない形態を視覚化することによりアイディアを共有できた。漏水しないディテールなど，施工，詳細ともに先進的な合意形成を可能にしたのはBIM化によるところが大きい。

（日建設計）

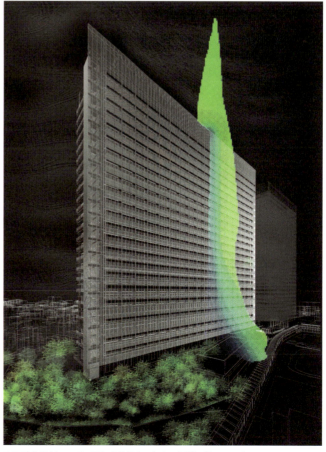

CFD流体解析における周辺環境温度に与える影響の検証　　（図版提供：日建設計）

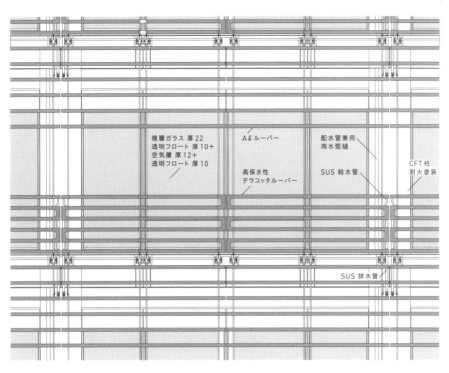

B-B立面 1/80

C-C断面 1/80

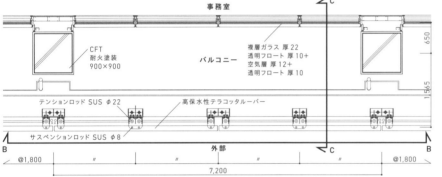

バイオスキンA部平断面 1/80

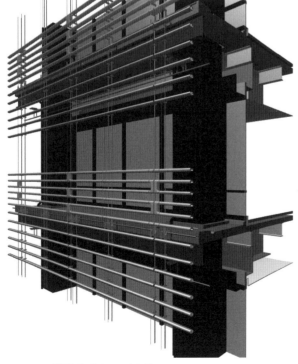

BIMによる外観検討（提供：日建設計）

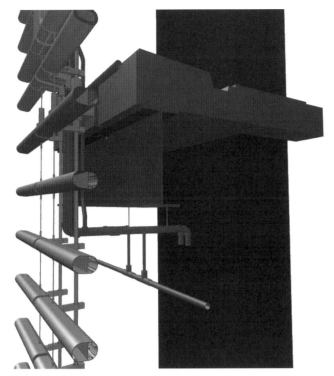
BIMによる給排水管の納まり検討（提供：日建設計）

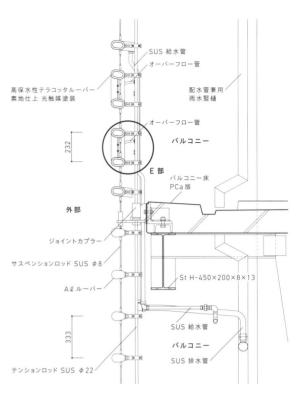
バイオスキンD部断面 1/30

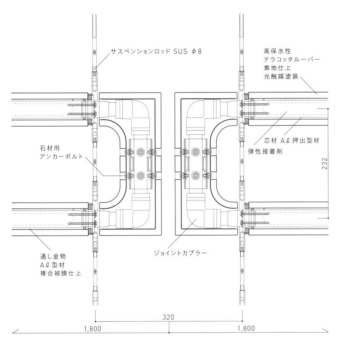
テラコッタルーバージョイント部F-F断面詳細 1/8

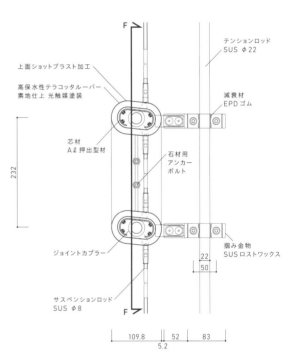
E部断面詳細 1/8

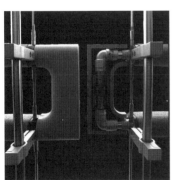
ジョイントカプラー内部
（提供：日建設計）

テラコッタルーバーと支持部
（ルーバー上面はショットブラスト加工）

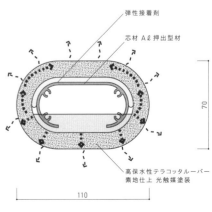
テラコッタルーバー断面詳細 1/3

9

都心の環境を再生する人工の山

アクロス福岡
日本設計, 竹中工務店

日本設計, 竹中工務店,
エミリオ・アンバース（基本構想）

ACROS FUKUOKA
by NIHON SEKKEI, INC., TAKENAKA CORPORATION

NIHON SEKKEI, INC., TAKENAKA CORPORATION,
Emilio Ambasz

施工：竹中・鹿島・清水・九州・高松・
　　　戸田建設共同企業体
構造：S造, RC造, SRC造
規模：地上14階, 地下4階, 塔屋1階
竣工：1995年3月
所在：福岡県福岡市
撮影：川澄・小林研二写真事務所（P110-111）
　　　彰国社写真部（P112）

ステップガーデンと呼ばれる建物南側の階段部に樹木を植え，都心の中心に緑をもたらすことを試みている。竣工から25年で植生は76種類から約200種類に増えたが，その一部は鳥が運んできたものである。排水溝ではなく自然の山と同様の排水システムを有するステップガーデンには，大雨が降ると川となる場所もあらかじめ計画されている。植物の蒸散作用により，夏は南面の温度が最も低く，無風時には山おろしの風を感じる。　（海野）

1995　（撮影：岡本公二）

2001　（撮影：彰国社写真部）　　　　　　　　　　　　　　　2017　（写真提供：日本設計）

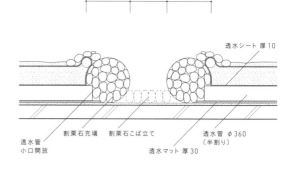

蛇籠まわり断面詳細　1/50

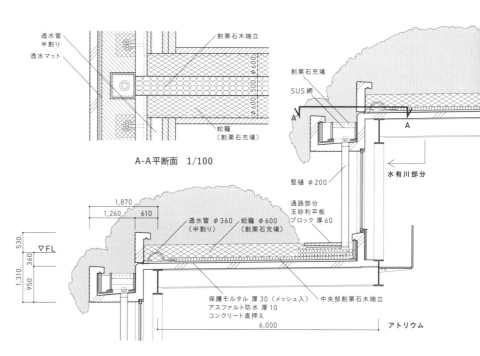

A-A平断面　1/100

ステップガーデン断面　1/100

アクロス福岡は竣工後，四半世紀あまりの時が経過した。植物を身に纏う建築ということもあり，竣工後も施主・管理会社・設計者・施工者・緑地保全会社による会議体をもち，全体の維持管理運営について毎年議論を積み重ね，緊密な関係を築いてきた。ステップガーデンについては，この間，常緑樹を間引いて地表に光を届かせ落葉樹の実生や苗が育つようにし，九州北部の山の植生により近づけている。自然の山にならった排水の仕組みを取り入れ，軽量で保水性の高い人工土壌により雨水の流出を抑えると同時に，潅水はほとんど必要としない。降った雨は貯留ろ過され，雑用水として利用され，落ち葉は植栽地内で土に戻る。

混植により景観的にも生態的にも多様性に富んだ植生となっており，ステップガーデンの中に入ると「山」を歩いているかのようである。1年を通しての四季の変化だけでなく，長い年月の中で植物は成長し続けて姿を変え，いわば「時がつくる環境」となっている。

（元日本設計副社長　福田卓司）

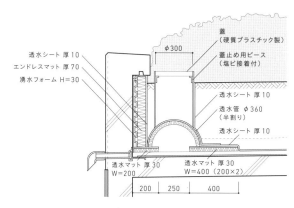

排水部断面詳細　1/30

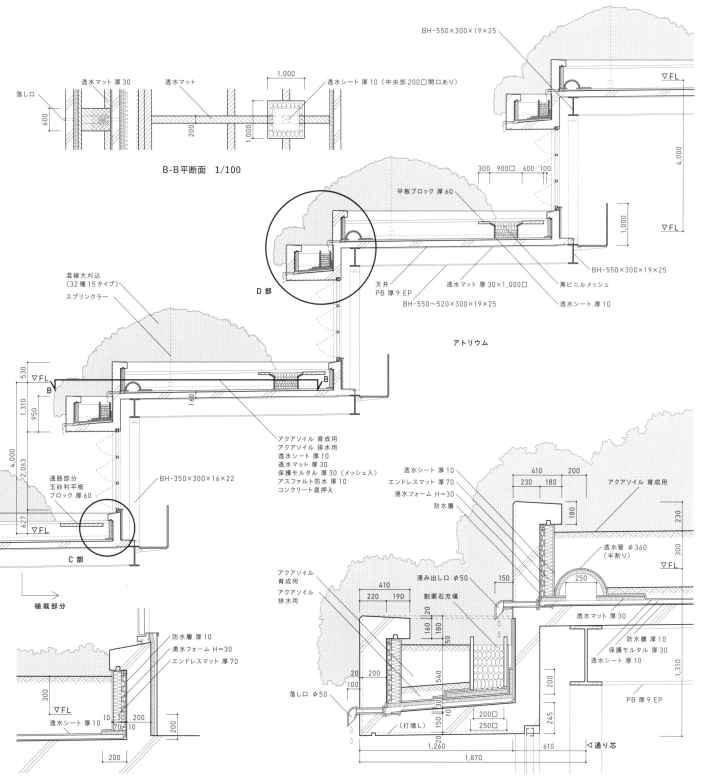

B-B平断面　1/100

C部断面詳細　1/30

D部断面詳細　1/30

10

阿蘇の大自然を凝縮した立体庭園

JR熊本駅ビル
日建設計 / 小松良朗＋岩田友紀＋羽月喜通＋青木亜美

JR KUMAMOTO STATION BUILDING
by NIKKEN SEKKEI LTD /
　Yoshiaki KOMATSU＋Yuki IWATA＋
　Yoshimichi HATSUKI＋Ami AOKI

施工：大林組
構造：S造，RC造
規模：地上12階，地下1階，塔屋1階
竣工：2021年4月
所在：熊本県熊本市
撮影：雁光舎 / 野田東徳（P114, P115, P119），
　　エスエス九州支店　上田新一郎（P120）

自然を身近に感じることで人々の生活が豊かになるという「バイオフィリックデザイン」の考えのもと，屋内に自然を再現した「水と緑の立体庭園」。滝のダイナミックさ，木々のゆらめき，自然光や風の清々しさや水音の心地よさといった自然の快適な側面を取り込み，都市において自然体験を創出している。その実現と維持のため，屋内に自然を取り込むことのさまざまな課題を技術的に丁寧に解き，人々が過ごしやすい環境として成立させている。　　　　　　　　　　　　（青木）

（写真提供：日建設計）

立体庭園は，商業ビルの室内から屋外まで連続する阿蘇地方特有の自然のエッセンスを取り入れた「水」「緑」をテーマとしたパブリックスペースである。9階のホテルの中庭には阿蘇湧水群をモチーフとした水盤と木立があり，水と緑の景はここから始まる。8階から1階にかけては商業施設の中にガラスや石壁を伝う滝が三つある。それらは阿蘇の中腹にある伏流水が地上に出てきた滝を表現している。この水は見え隠れしながら最終的に高さ10mの滝に流れ込み，商業施設の顔となる印象的な水と緑の風景をつくりだしている。今回，実際の自然により近い環境を実現するために，建築家やランドスケープアーキテクトだけでなく，植物の専門家やコンピューターシミュレーションチーム，設備担当者や環境計画を行うチームなどのさまざまな専門家がコラボレーションし，最適な緑と水のあり方とそれを実現するための建物各部の形状やディテールを決定している。

（日建設計／小松良朗＋岩田友紀＋羽月喜通）

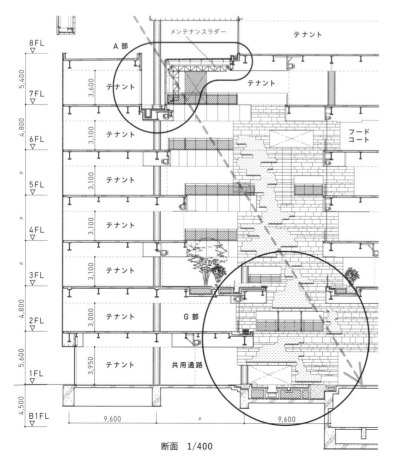

断面　1/400

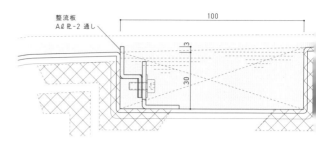

先端着水受けF部断面詳細　1/2

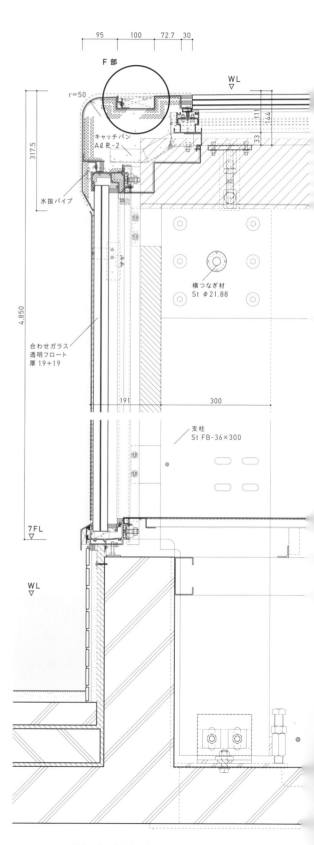

端部C部，着水部D部断面詳細　1/10

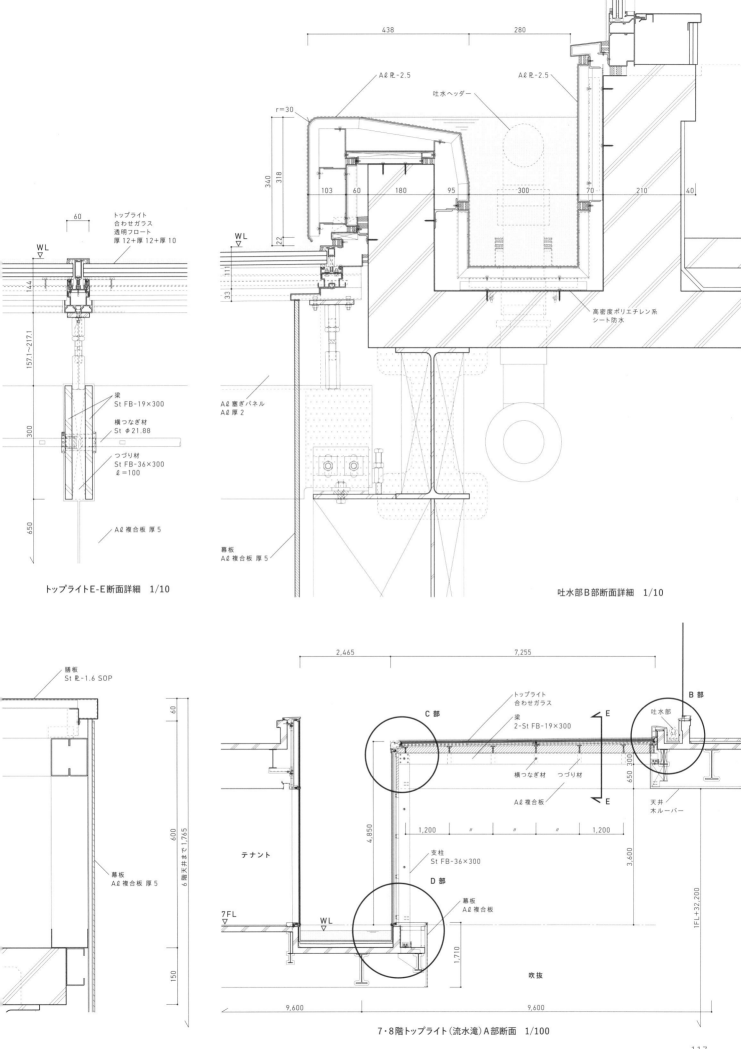

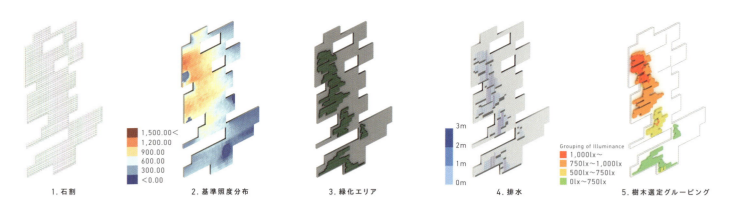

1. 石割　　2. 基準照度分布　　3. 緑化エリア　　4. 排水　　5. 樹木選定グルーピング

立体庭園には阿蘇の山に生息する在来種をはじめ数多くの樹種を採用した。植物の生育上、十分な照度の確保が絶対条件となるため、まず季節ごとの自然光による照度シミュレーションを行った。一般的に樹高の高い植物ほど強い光を必要とするため、高木の自動配置シミュレーションにより、平均照度が高く樹木が一カ所に集中しすぎない配置パターンを探り、育成照明も併用して十分な照度を確保している。岩壁面の植栽についても上図のように照度条件と石形状や排水等の施工上の条件を入力し、シミュレーションをもとに最適な植栽配置を導き出した。　　（日建設計　小松良朗＋岩田友紀）

吹抜G部断面　1/80

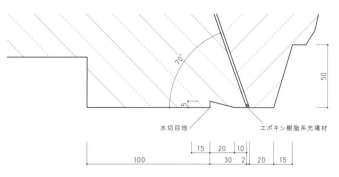

先端L部断面詳細　1/3

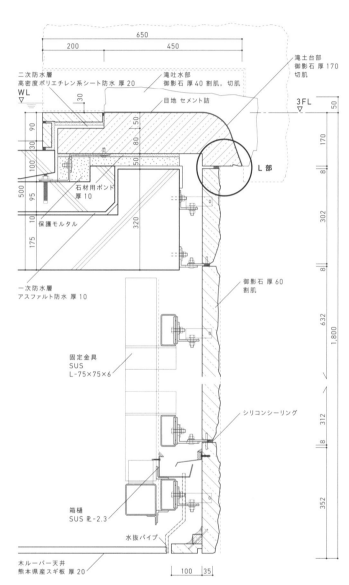

3階流水滝落下部H部断面詳細　1/12

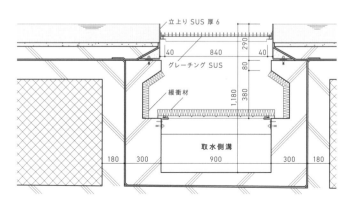

滝つぼI部断面詳細　1/30

（写真提供：日建設計）

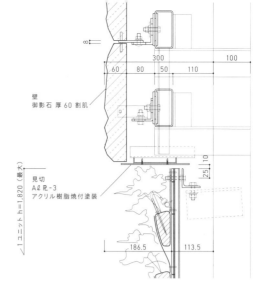

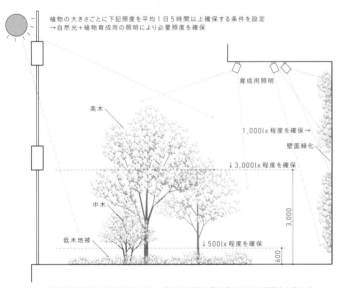

壁面緑化部K-K平断面詳細　1/10

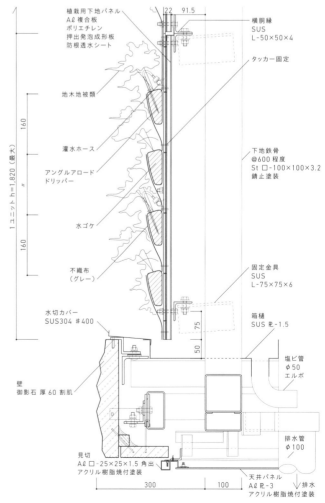

壁面緑化部J-J断面詳細　1/10

植物に必要な照度条件

※照度基準はあくまで参考値であり，採用する樹種や照度環境により必要照度の条件が異なるため，プロジェクトごとに詳細検討を行う必要がある

自然の要素を屋内にただ取り込むのではなく，不快な側面を取り除き快適な側面を際立たせる「隠れたエンジニアリング」が立体庭園の随所に施されている。たとえば，滝の音は自然を感じる重要な要素だが，大きすぎれば店舗や来訪者にとって不快な騒音になり得る。滝の音の主成分は水が落下地点の水面や床を叩く衝撃音であることから，滝つぼの床面に衝撃音を低減させる緩衝材を敷設し，滝の近傍が音の迫力を感じつつもうるさすぎない音環境となるよう調整した。さらに，岩壁の植栽基盤や1～4階ルーバー天井裏に吸音材を設けることで，滝から離れるにつれて音を減衰させ，店舗エリアでは滝の存在をうっすら耳で感じるような，シーケンシャルな音環境をつくり出した。オープン後の調査でも80％以上の来訪者が立体庭園の環境の魅力度を高いと回答している。
（日建設計　青木亜美）

11

音響性能・意匠性・施工性を兼ね備えた有孔板によるレッスン室

東京音楽大学
中目黒・代官山キャンパス
日建設計・戸田建設一級建築士事務所設計共同体

TOKYO COLLEGE OF MUSIC NAKA-MEGURO・
DAIKANYAMA CAMPUS
by NIKKEN SEKKEI LTD, TODA CORPORATION
ARCHITECTURAL DESIGN DIVISION

施工：戸田建設
構造：RC造，一部SRC造
規模：地上3階，地下1階，塔屋1階
竣工：2019年1月
所在：東京都目黒区
撮影：高栄智史（P122, P124, P126），篠澤裕（P128）

建材を選ぶのではなく，建材からデザインした例である。有孔板は，完全な新規というよりは，孔径やピッチを少し変えただけ，孔開け加工も通常の工程を少し変えただけなのだが，小さな変化が空間印象に大きな変化と吸音特性の改良をもたらしている。この有孔板を活用して吸音特性の周波数バランスを整え，設置角度や背後空気層の工夫も行うことで，学生の授業・レッスンの場にふさわしい，癖の少ない音響性能が得られている。　（青木）

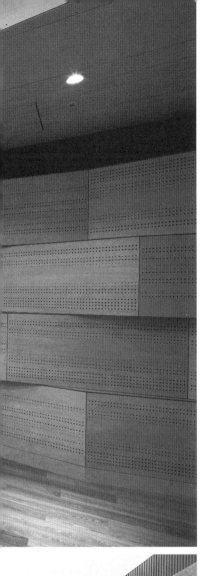

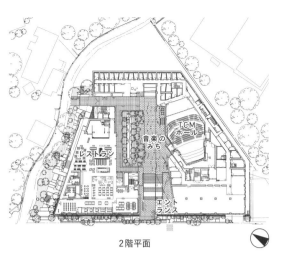
2階平面

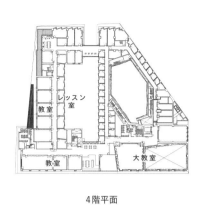
4階平面

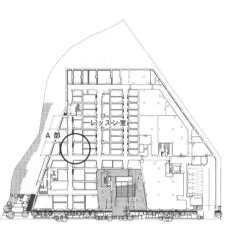
1階平面 1/2,000

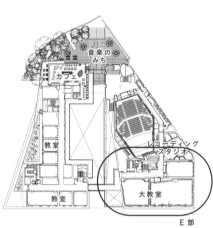
3階平面

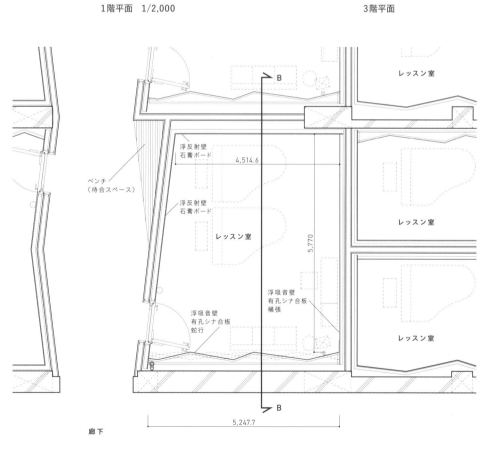

A部平面 1/100

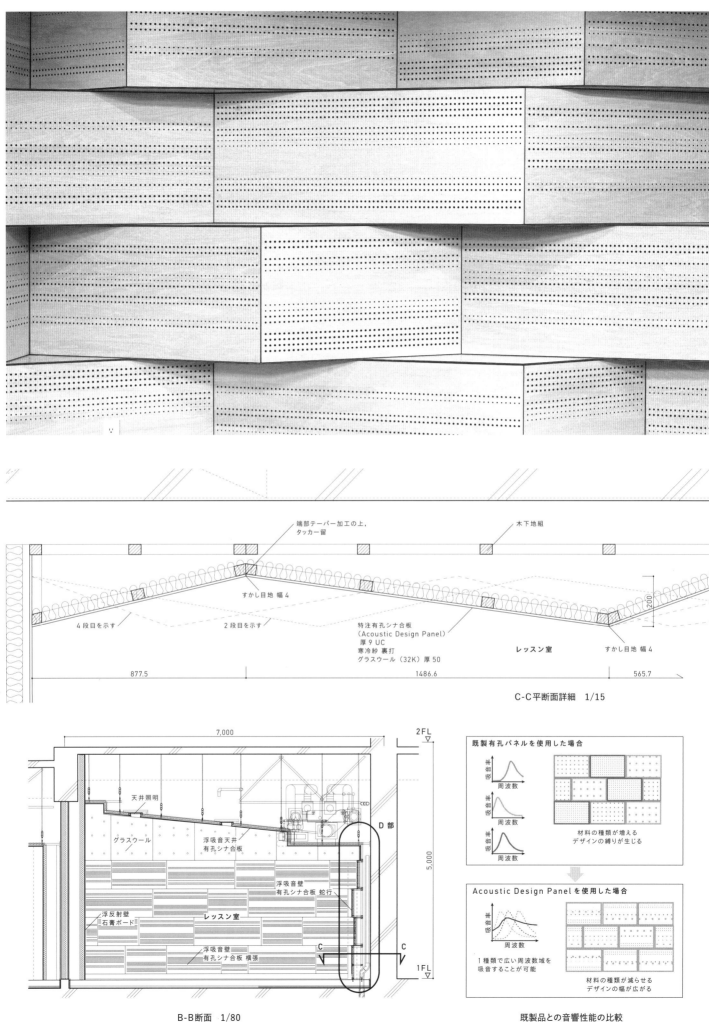

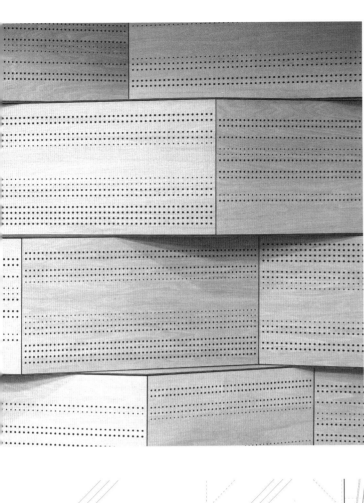
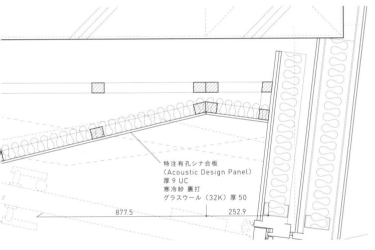
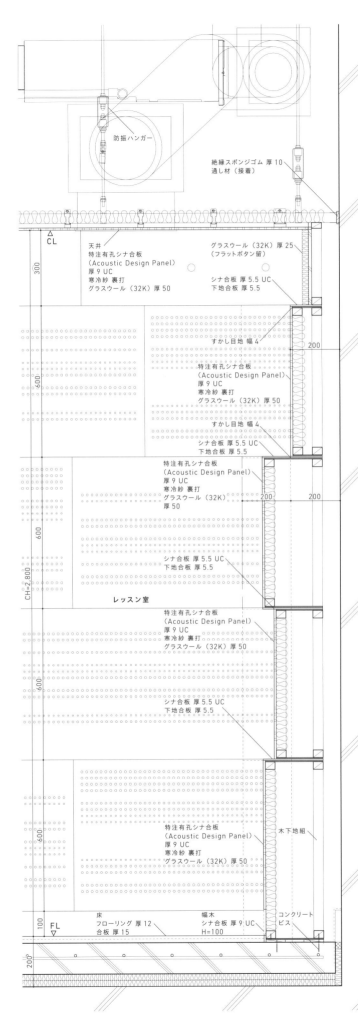

音楽学校の練習室・レッスン室は小部屋にもかかわらず高度な音響性能が要求される。フラッターエコー対策として床・壁の平行配置を避け，有孔板などの吸音材を使うのは常套手段であるが，ここでは有孔板にひと工夫が見られる。通常の有孔板は同じ径の穴が等間隔にあいているので，音響調節には数種の径の有孔板と無孔板を組み合わせて使っているので不ぞろいに見えるが，それを1枚にまとめてしまおうというアイデアである。有孔加工機では刃が等間隔に1列並んでいるので，一部の刃をはずせば無孔部分となり，刃のサイズを変えることにより，通常の機械を使ってこのアイデアが実現したのである。4×8版を半サイズにして2種類のパターンができ，その上下反転による計4パターンの割付によって音響効果を調節し，コンセントや点検口の配置もしやすい。　　　　（『ディテール』編集委員　八木幸二）

D部断面詳細　1/15

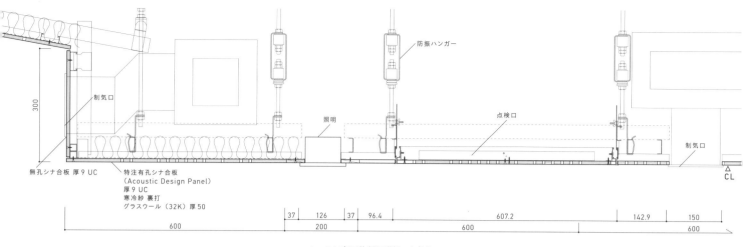

レッスン室天井断面詳細　1/10

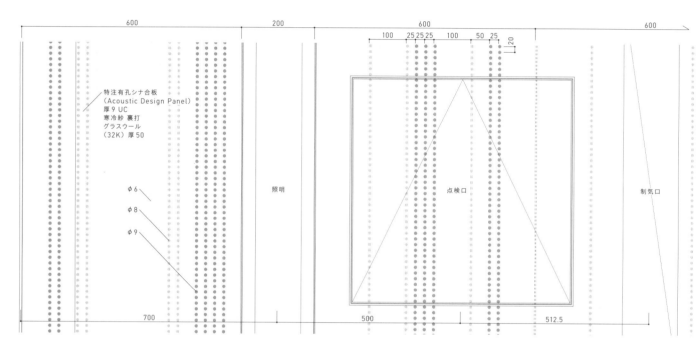

レッスン室天井見上詳細　1/10

Acoustic design panelは，歩留まりにロスのない板サイズ，従来の多軸ドリル型機械で可能な製作手順とした。6, 8, 9φのドリルを25mmの倍数の列で配し20ピッチで開孔するうえで，点検口，コンセント等の設備器具が干渉しない孔配置とし，施工上使いやすくなる工夫をした。このシステムはシナ合板のみならず，ケイカル板，突板パネルなどさまざまな材料にて応用しており，音響・意匠両側面の好みや用途に合わせた仕様で製作が可能である。音響効果をチューニングでき，デザイン性のあるパネルとして特許を取得した。　　（日建設計　八里直輝＋金光宏泰，戸田建設一級建築士事務所　加藤亨＋浦波寛弥）

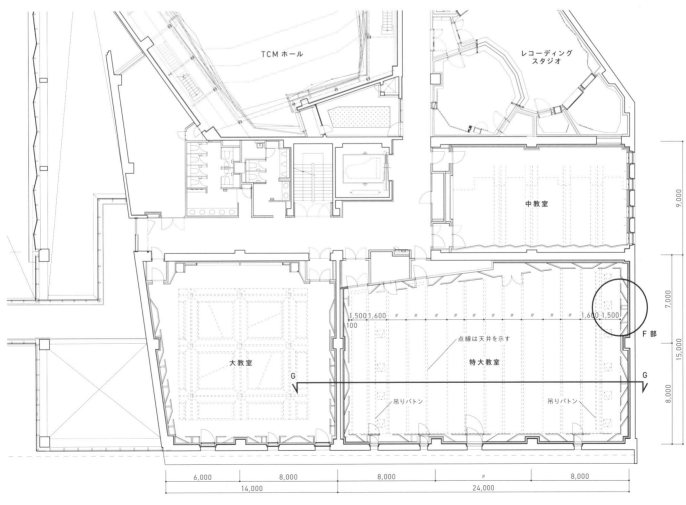

3階E部平面 1/300

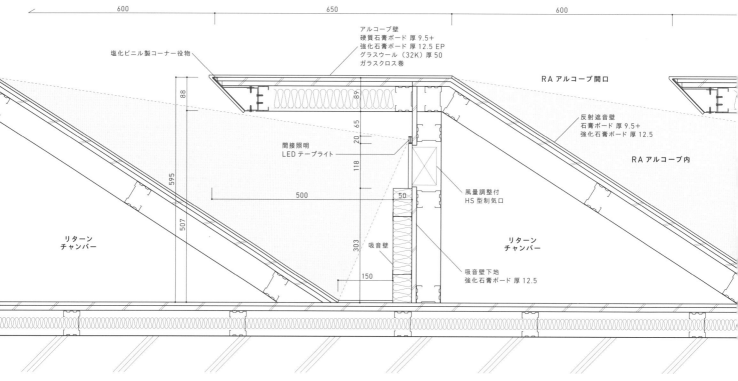

内壁F部平断面詳細 1/10

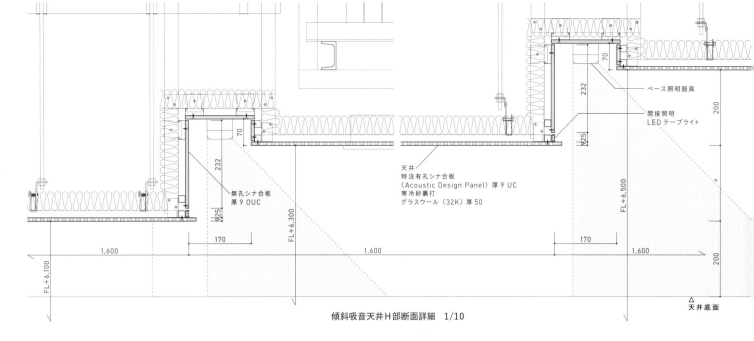

傾斜吸音天井H部断面詳細 1/10

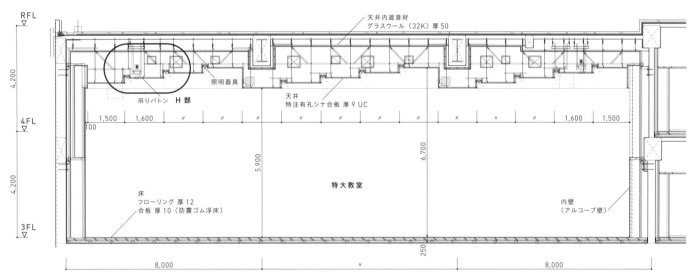

特大教室G-G断面 1/150

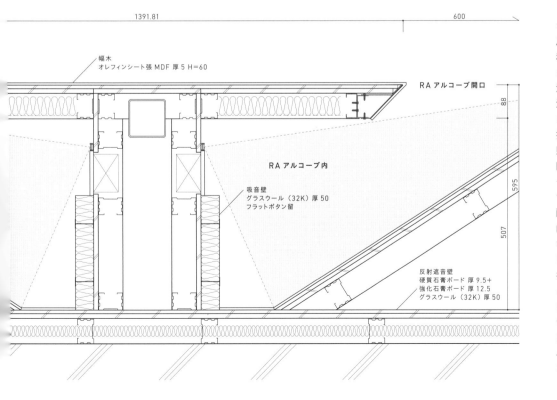

オーケストラ練習やレッスン専用の2層吹抜けの室である。録音・収録にも利用できるよう，同じフロアの録音スタジオとネットワークをつなげている。演奏に集中でき，収録では主役である演奏者が引き立つよう，必要機能を備えながらシンプルな内装デザインを目指した。壁は，音の散乱と吸音，間接照明，空調レターンの機能をもち，意匠と音響と光と空調制御をインテグレートしたディテールによって構成されている。このディテールをランダムに配置しているのは，音をさまざまな方向へ反射させ，癖のないニュートラルな音環境とするためである。演奏中のピアノの鍵盤を並べたような形状の天井は，床とのフラッターエコーの軽減という音響上の機能を備えつつ，梁を自然に隠しながら高さを確保するようデザインしたものである。天井仕上げはレッスン室でも紹介した新しい有孔パネルとし，キャンパス全体のデザイン統一を図った。

（日建設計　青木亜美）

12

木キューブの ランダムな集積が 生む音の 拡散ディテール

高槻城公園芸術文化劇場
日建設計／江副敏史＋多喜茂＋高畑貴良志＋差尾孝裕

TAKATSUKI ARTS THEATRE
by NIKKEN SEKKEI LTD / Satoshi EZOE +
Shigeru TAKI + Kiyoshi TAKAHATA + Takahiro SASHIO

施工：大林組
構造：S造, SRC造, RC造
規模：地上3階, 地下2階, 塔屋3階
竣工：2022年8月
所在：大阪府高槻市
撮影：伊藤彰／アイフォト

観客に非日常の特別な時間を提供し，舞台上のパフォーマンスを最大限引き出すこと，それが劇場の使命であるなら，劇場設計も挑戦の跡が残るものでありたい。本劇場では，壁・天井を覆う27,000個の木キューブが圧倒的な存在感を放つ。内装材としては珍しい木の芯材を活用するという信念と，木キューブ一つ一つ，あるいはその集積による意匠的・音響的価値を追求したディテールにより，どこにもない劇場空間が実現されている。　（青木）

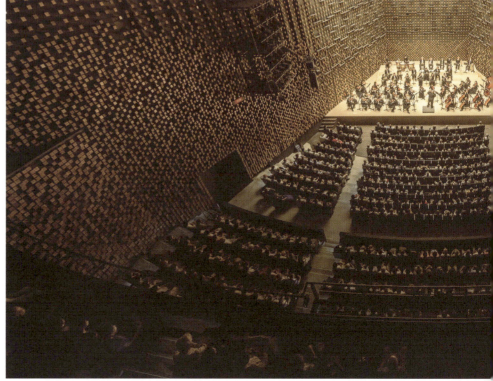

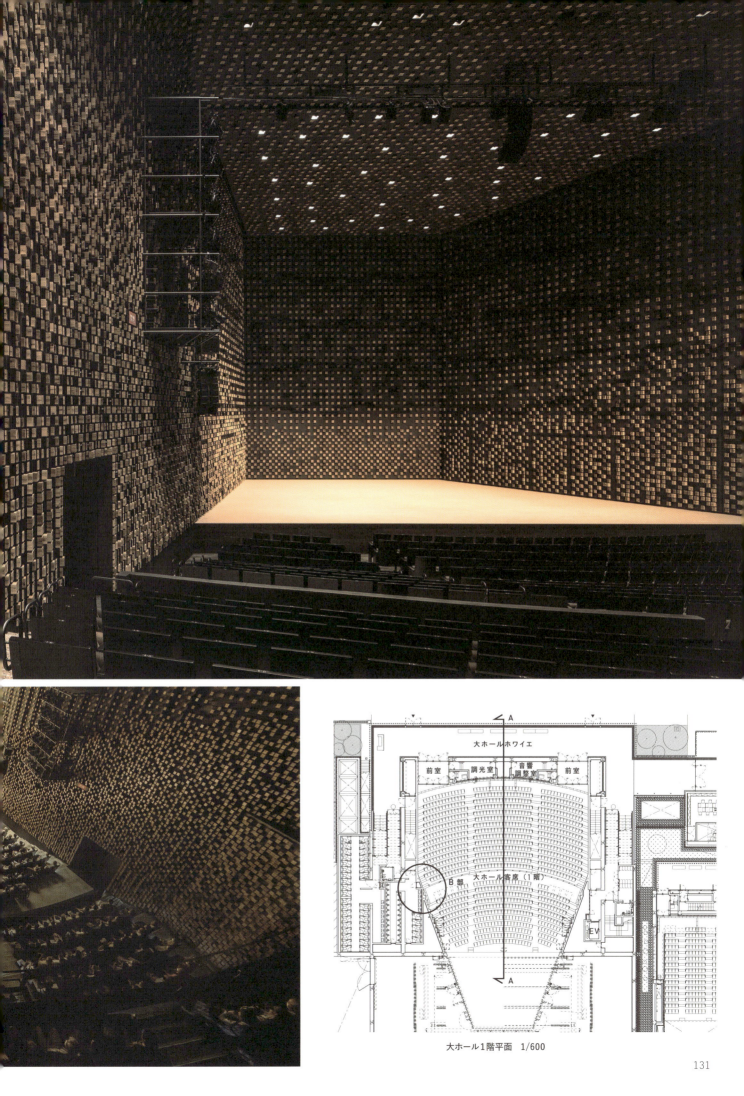

大ホール1階平面　1/600

Ⓐ現場に搬入された，取り付け前の木キューブ。乾燥収縮によるひび割れを防止するため，一つ一つに背割りが施された。個々の木キューブはそれぞれに異なるさまざまな表情を見せている。Ⓑ躯体工事と木キューブ配置デザインの同時進行実現のため壁全面にインサート金具を150mmピッチで設置，木キューブ配置の検討期間を確保した。各インサート位置にアドレスを振り木キューブの厚みと背割りの向きを施工管理した。Ⓒ下地金物の先端に設置される木キューブの共振による音響への影響を確認するため，複数タイプの下地金物を用いた試験体を現場に設置し，近傍でスピーカから大音量を発生させ，共振現象が軽微な金物を選定した。Ⓓ木キューブによる音響性能への影響を確認するため，密集の程度と基盤面への設置状態を考慮した複数の試験体を施工段階で作成し，日本建築総合試験所において残響室法吸音率測定を行った。Ⓔ客席壁面から木キューブが浮き出て体感できるように，金物により仕上げ面を壁面からセットバックさせた浮遊感のあるディテールを採用している。木キューブは一つ一つが職人による手仕事で取り付けられた。Ⓕホール内での大音量発生時における木キューブのビリツキ防止のため，現場巡回時の拳での打診検査の他，施工途中の木キューブの近傍でスピーカで大音量を発生させてビリツキ箇所の有無を確認し手直しを行った。

(写真提供：日建設計)

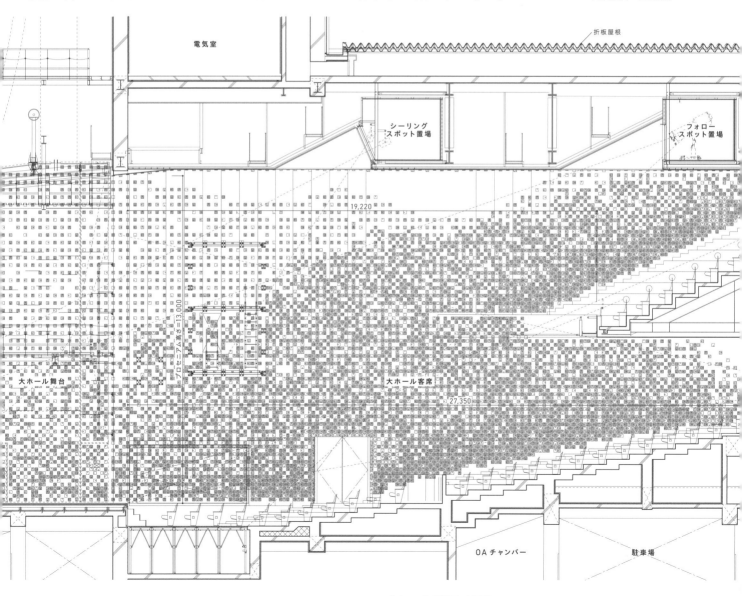

大ホールA-A断面　1/150

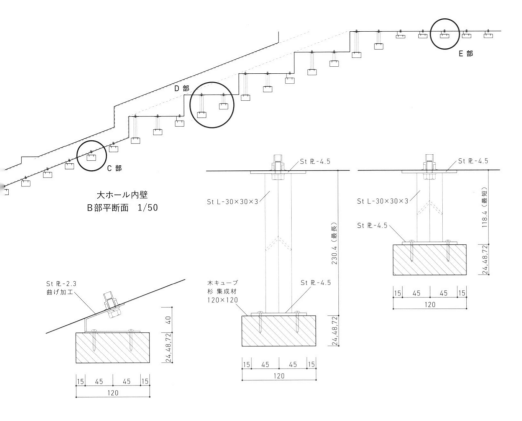

大ホール内壁
B部平断面 1/50

C部平断面詳細 1/6

D部平断面詳細 1/6

E部平断面詳細 1/6

かつて高槻城が存在した城跡公園としての敷地にふさわしい，大阪府産材の木を纏う劇場である。木を余さず使いきるため，通常は意匠材として使わない芯材を，小口を見せるデザインで大ホールの内装に生かした。舞台と客席が近く臨場感の高いコンパクトな空間としたため，床・壁はコンクリート仕上げで響きの長さを確保し，コンクリートだけでは過剰な高音域の反射音を，天井と壁にランダム配置した木キューブで拡散させて温かみのある音を得る計画とした。施工時には吸音率測定と共振確認実験で木キューブ内装の音響特性を確認し，ビリツキ防止対策も入念に行った。

（日建設計　差尾孝裕＋中川浩一）

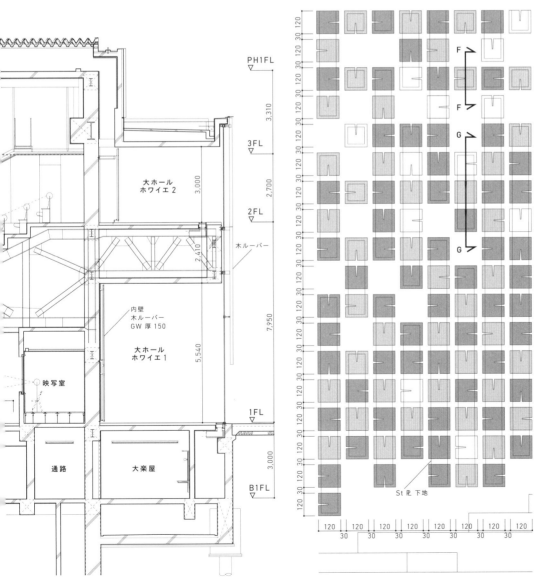

大ホール内壁立面 1/20

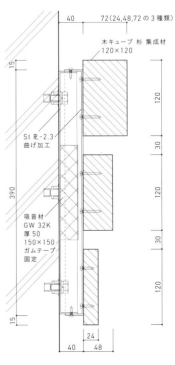

F-F断面詳細 1/6

G-G断面詳細 1/6

13

レガシーを継承する全天候型アトリウム

新宿住友ビル
RE-INNOVATION PROJECT

住友不動産（建主・基本構想・総合監修），
日建設計（基本設計・実施設計・監理），
大成建設一級建築士事務所（実施設計・監理）

SHINJUKU SUMITOMO BUILDING
RE-INNOVATION PROJECT
by Sumitomo Realty & Development Co., Ltd.
NIKKEN SEKKEI LTD,
TAISEI DESIGN Planners Architects & Engineers

施工：大成建設
外装工事：ヤマキ工業（南傾斜CW），
パラキャップ社（Exp.J），
LIXIL・三協立山（ガラス大屋根）
構造：S造，一部SRC造・RC造
規模：地上54階，地下4階，塔屋3階
竣工：2020年6月
所在：東京都新宿区
撮影：エスエス 大野賢一（P134, P136, P137），
雁光舎／野田東徳（P139）

季節や天候に左右されない完全空調の屋内でありながらも開放感を得られる総ガラス張りのアトリウム空間を，既存の三角ビル足元の空地に屋根を架けることで実現している。ガラス屋根とガラスカーテンウォールに設置した遮光ロールスクリーンは季節や時間に連動し，日射をコントロールしている。土地の記憶や企業の歴史を継承する「からみれんが」をイメージした焼成ブロックは透かし積みされ，吸音や空調機能を織り込んでいる。（海野）

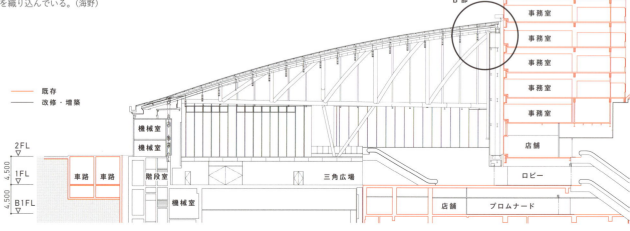

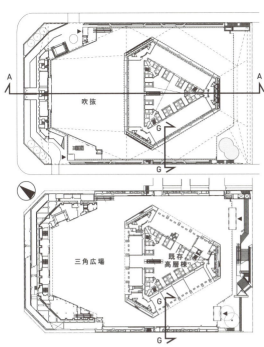

改修後
1階(下)・2階(上)平面　1/2,500

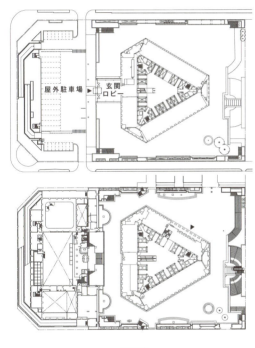

改修前
1階(下)・2階(上)平面　1/2,500

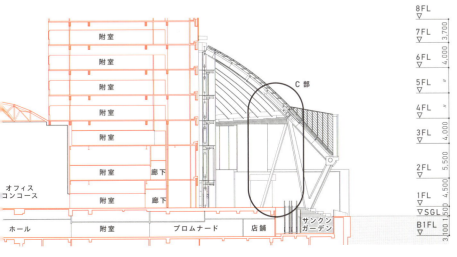

改修後　A-A断面　1/600

改修前　断面

135

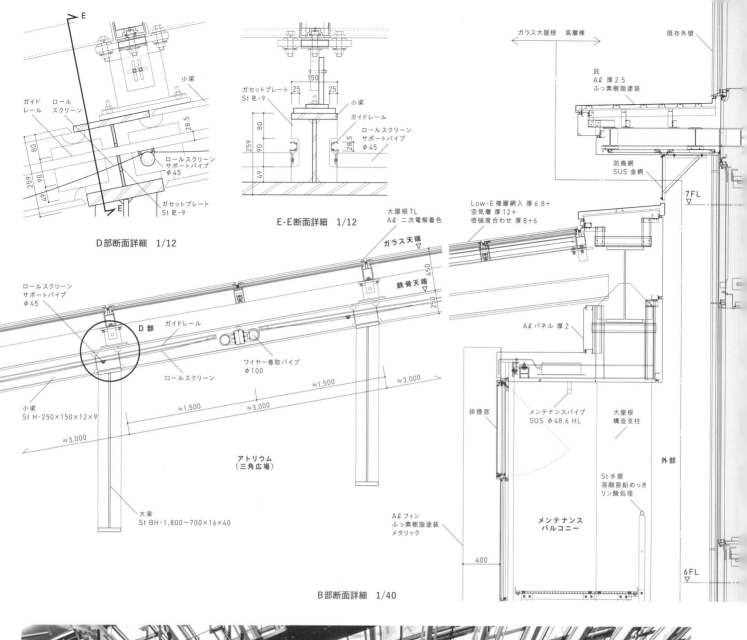

D部断面詳細 1/12

E-E断面詳細 1/12

B部断面詳細 1/40

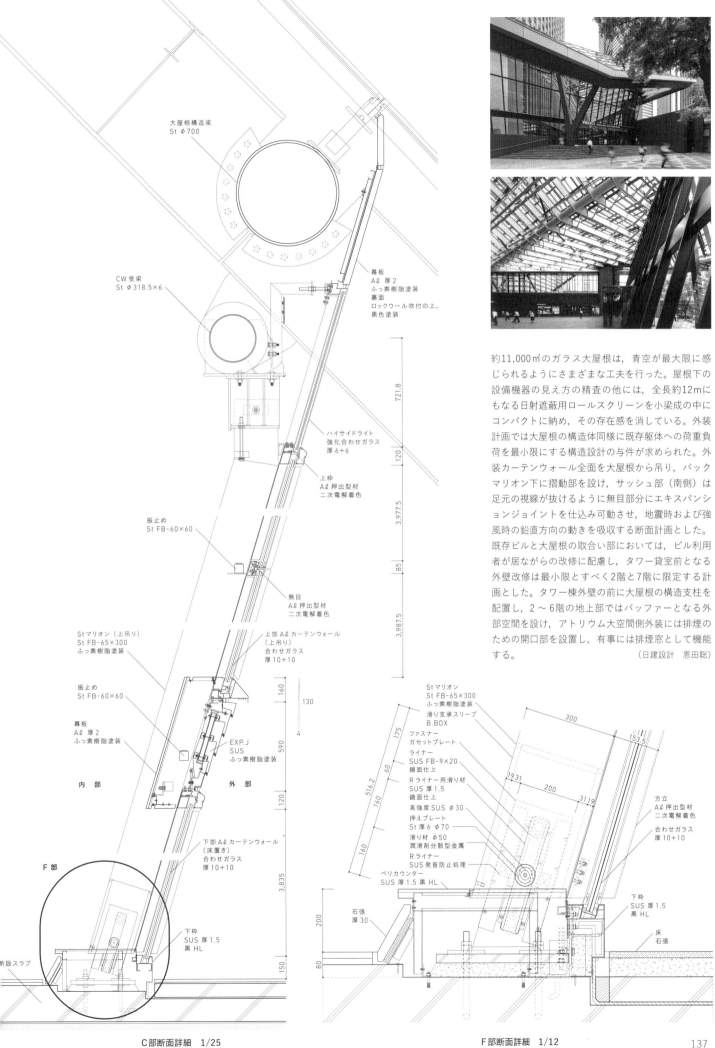

約11,000㎡のガラス大屋根は，青空が最大限に感じられるようにさまざまな工夫を行った。屋根下の設備機器の見え方の精査の他には，全長約12mにもなる日射遮蔽用ロールスクリーンを小梁成の中にコンパクトに納め，その存在感を消している。外装計画では大屋根の構造体同様に既存躯体への荷重負荷を最小限にする構造設計の与件が求められた。外装カーテンウォール全面を大屋根から吊り，バックマリオン下に摺動部を設け，サッシュ部（南側）は足元の視線が抜けるように無目部分にエキスパンションジョイントを仕込み可動させ，地震時および強風時の鉛直方向の動きを吸収する断面計画とした。既存ビルと大屋根の取合い部においては，ビル利用者が居ながらの改修に配慮し，タワー貸室前となる外壁改修は最小限とすべく2階と7階に限定する計画とした。タワー棟外壁の前に大屋根の構造支柱を配置し，2～6階の地上部ではバッファーとなる外部空間を設け，アトリウム大空間側外装には排煙のための開口部を設置し，有事には排煙窓として機能する。

（日建設計　恩田聡）

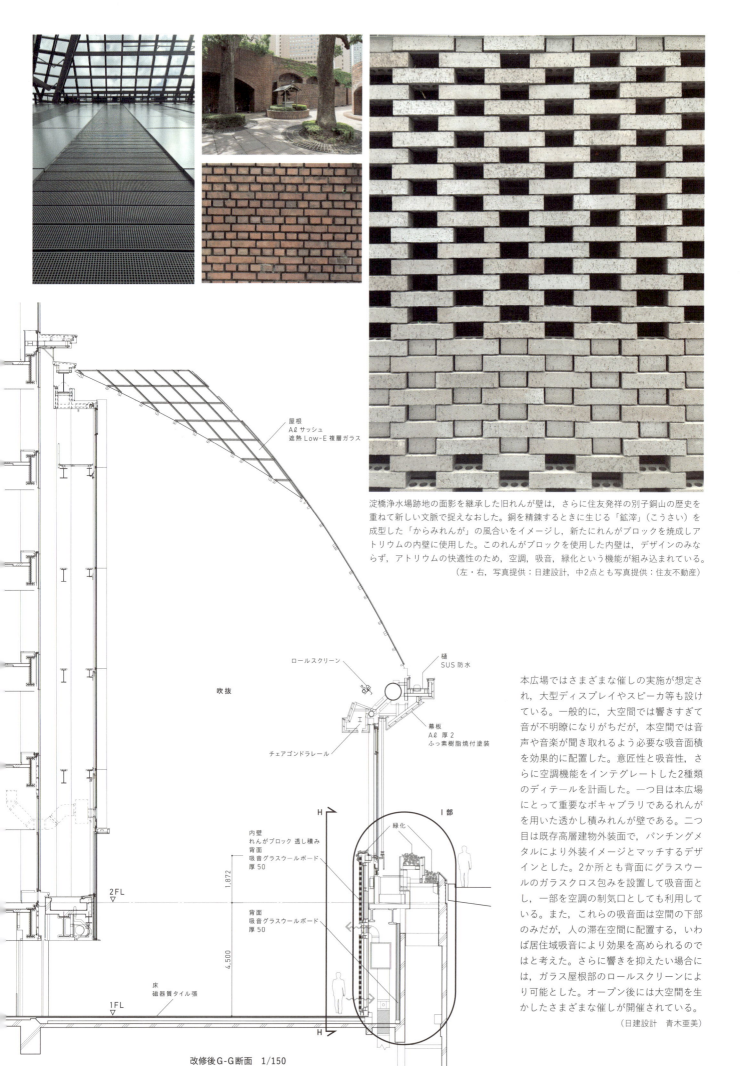

淀橋浄水場跡地の面影を継承した旧れんが壁は、さらに住友発祥の別子銅山の歴史を重ねて新しい文脈で捉えなおした。銅を精錬するときに生じる「鉱滓」（こうさい）を成型した「からみれんが」の風合いをイメージし、新たにれんがブロックを焼成しアトリウムの内壁に使用した。このれんがブロックを使用した内壁は、デザインのみならず、アトリウムの快適性のため、空調、吸音、緑化という機能が組み込まれている。
（左・右，写真提供：日建設計，中2点とも写真提供：住友不動産）

本広場ではさまざまな催しの実施が想定され、大型ディスプレイやスピーカ等も設けている。一般的に、大空間では響きすぎて音が不明瞭になりがちだが、本空間では音声や音楽が聞き取れるよう必要な吸音面積を効果的に配置した。意匠性と吸音性、さらに空調機能をインテグレートした2種類のディテールを計画した。一つ目は本広場にとって重要なボキャブラリであるれんがを用いた透かし積みれんが壁である。二つ目は既存高層建物外装面で、パンチングメタルにより外装イメージとマッチするデザインとした。2か所とも背面にグラスウールのガラスクロス包みを設置して吸音面とし、一部を空調の制気口としても利用している。また、これらの吸音面は空間の下部のみだが、人の滞在空間に配置する、いわば居住域吸音により効果を高められるのではと考えた。さらに響きを抑えたい場合には、ガラス屋根部のロールスクリーンにより可能とした。オープン後には大空間を生かしたさまざまな催しが開催されている。
（日建設計　青木亜美）

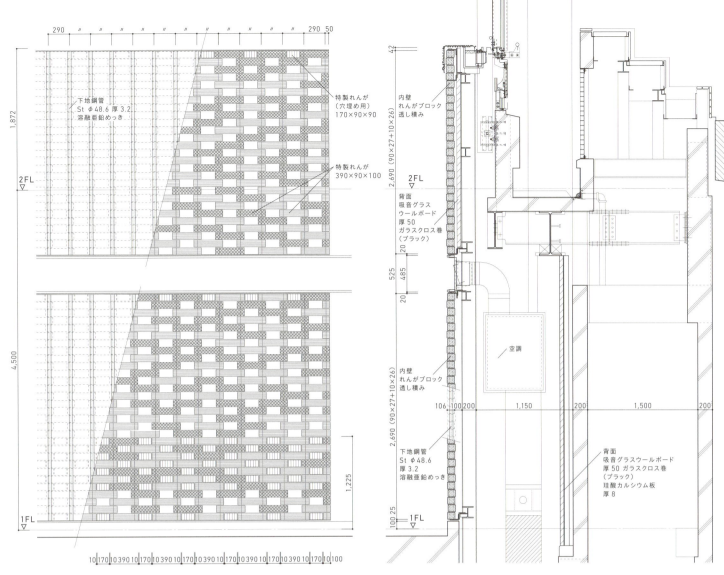

れんが積層壁H-H立面　1/50　　　　　積層壁内I部断面詳細　1/50

14

慣習的な建築形式を参照し快適な住環境に再構築した住宅

一宮のノコギリ屋根
川島範久建築設計事務所

Saw-tooth Roof in Ichinomiya
by Nori Architects

施工：松原建築商事
構造：木造
規模：地上1階
竣工：2017年7月
所在：愛知県一宮市
撮影：鈴木淳平

工場などで安定した自然光を取り入れるために北向きの採光面をもつノコギリ屋根を、住宅用途に合わせて南向きの採光面とした建築である。南側に延伸した庇により夏期は日射遮蔽を行いつつ、その他の時期はダイナミックに移り変わる自然光を室内に積極的に取り込んでいる。空間としても、ノコギリ屋根ごとに自然光とのかかわり方が変わり、北側に向かって半屋外から屋内へとグラデーショナルに移り変わる環境を実現している。（竹中）

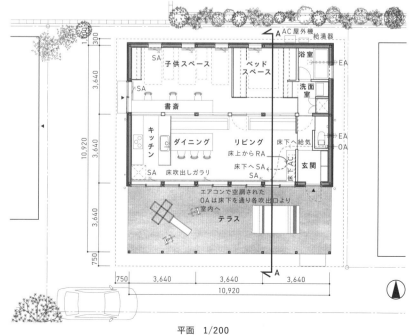

平面　1/200

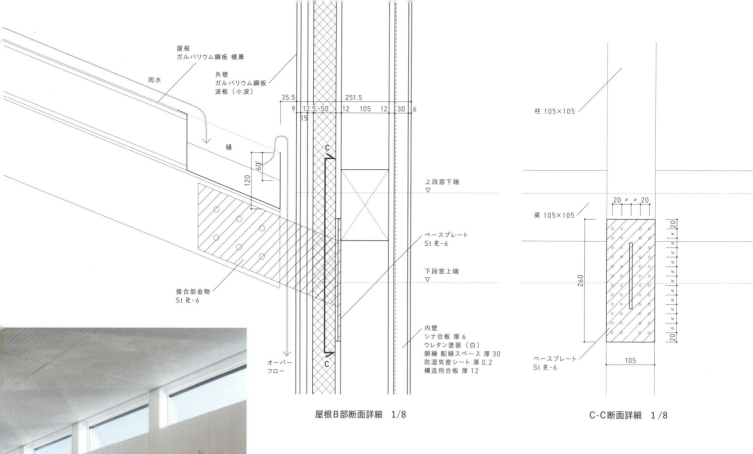

屋根B部断面詳細 1/8

C-C断面詳細 1/8

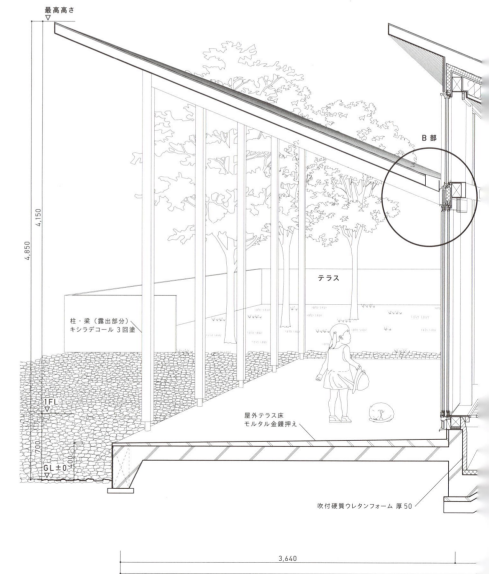

愛知県一宮に建つ住宅。この地域では昔から織物生産が盛んで、織物工場にはノコギリ屋根が多く採用され、ユニークな街並みを形成していた。ノコギリ屋根は、年間を通して作業場にくまなく安定した光を届けるため、北向きの採光面をもつのが通常だ。それに対し、この住宅のノコギリ屋根は南向きの採光面をもつ。そのため日々の天空の変化の影響を強く受け、その変化は屋根や天井の白いサーフェスにより反射・拡散・増幅される。南面の窓により冬には十分に日射取得でき、庇により夏には日射が適切に遮られ、ハイサイド窓は住宅全体の自然通風を促進する。また、高断熱高気密化を行い、床下空間を利用した1台のエアコンによる空調システムも導入することで、伝統・慣習的な建築形式を参照しながらも、快適な温熱・光環境と省エネルギーをローコストで実現した。

(川島範久)

積算日射量によるヴォリューム検討

解析エンジン：Radiance　気象データ：Nagoya, IWEC（epw）
地表面反射率：20%　ヴォリューム反射率：35%（一律）

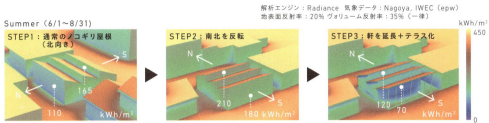

通常のノコギリ屋根（STEP 1）を南北反転する（STEP 2）と正面・ハイサイドへの日射が増加するが、軒を延長し南側のヴォリュームをテラス化する（STEP 3）ことで、正面・ハイサイドで受ける日射量は北面への日射量（STEP 1）より少なくなる

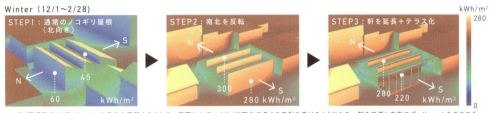

ノコギリ屋根形状のヴォリュームの南北を反転することで、正面およびハイサイド部分で多くの日射を受けるようになる。軒を延長し南側のヴォリュームをテラス化しても、正面・ハイサイドに多くの日射が当たる

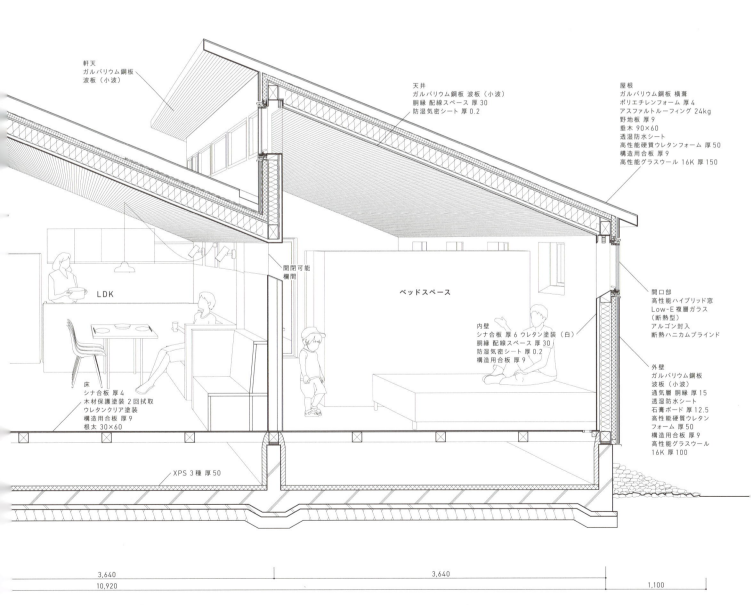

A-A断面　1/40

15

通り庭で
まちや環境と
つながる

SHOCHIKUCHO HOUSE
西沢立衛建築設計事務所

SHOCHIKUCHO HOUSE
by Office of Ryue Nishizawa

施工：熊倉工務店
構造：S造
規模：地上2階
竣工：2021年1月
所在：京都府京都市
撮影：西沢立衛建築設計事務所

現代の京町家として提案された，細長い吹抜けの通り庭空間が特徴的な住宅である。風の穏やかな盆地気候の中，密集した住宅街で十分な自然換気と自然採光を得るため，通り庭は全面が外付けロールスクリーン付きのトップライトとして計画されている。天井高の高い通り庭空間の上下温度差を利用して自然換気を行うとともに，通り庭自体がバッファとして居室側の熱，光環境を調整しながら自然が感じられる開放的な空間となっている。
（清野）

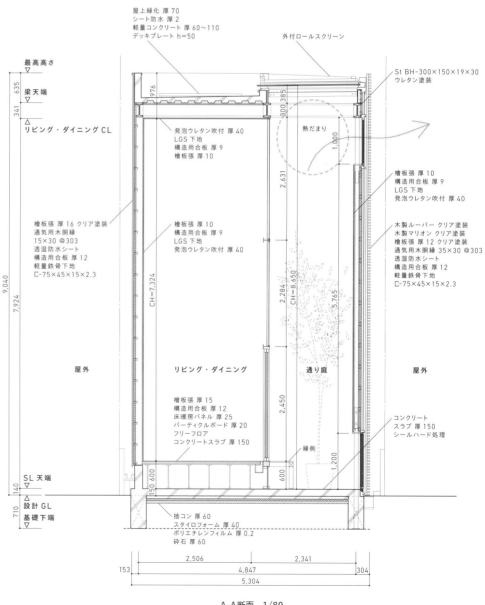

A-A断面　1/80

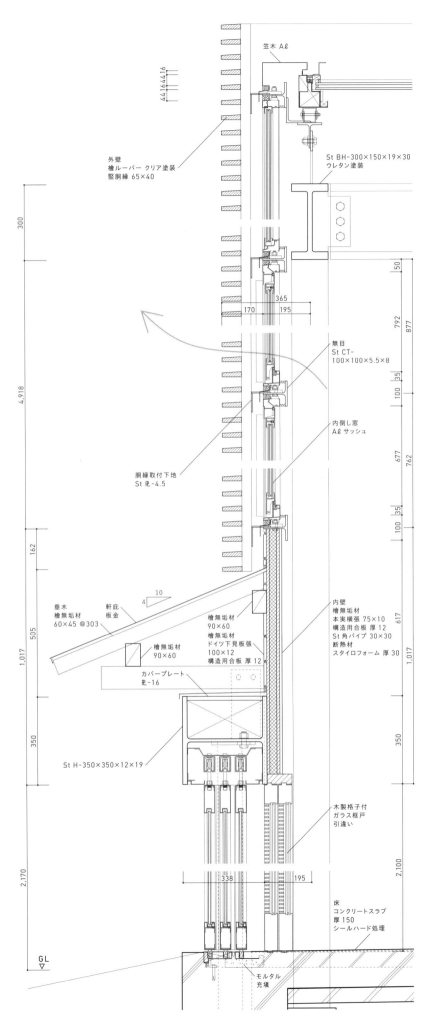

B-B断面詳細　1/15

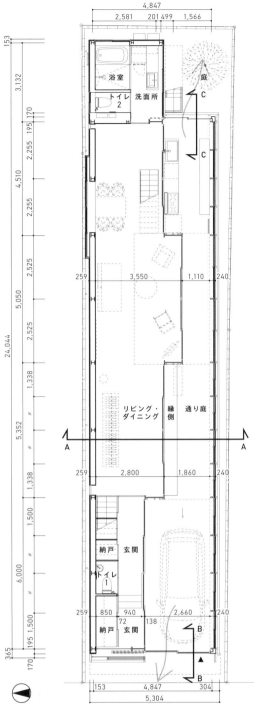

1階平面　1/150

京都に計画された，若いご家族のための住宅だ。お施主さんからは，現代の新しい京町家とも呼べるものが求められた。私たちが提案したのは，間口5.5m，奥行き25mほどの細長い敷地いっぱいに建つ，高さ8.5mの吹抜けをもった通り庭形式の住宅だ。建物の北半分を居室，もう南半分を通り庭空間とした，明るい通り庭をもった建築である。通り庭は気兼ねなく水がまけ，子どもたちが自由に走り回れるような場所だ。周辺環境の中でも十分な自然採光が確保できるよう，その屋根全体は外付けロールスクリーン付きのトップライトとなっている。3mを超す背丈の植物が，夏場には心地よい木陰をつくる。また，東西面は全面を，南面は上下1m程度ずつを開閉式の窓とすることで，8.5mの天井高を生かした，自然通風による気圧差換気が行えるようにした。

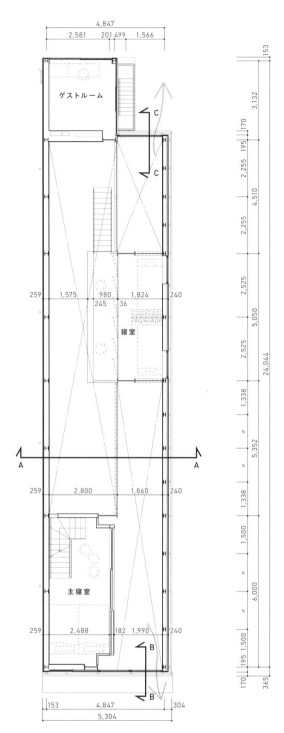

2階平面 1/150

建物の外周全体は，方角により奥行きが少しずつ異なる木製の水平ルーバーで包み込んだ。このルーバーは建物内の日射量を調整するだけでなく，建物のファサードに奥行きと深みを与えながら，通りやまちと緩やかに連続するための，柔らかなフィルターのようなものでもある。空間の構成，光・熱・風環境，構造，ディテール，素材，まちへの風景と，建築を構成するそれぞれの要素が互いに密に関係し合うことで，京都のまちや環境で暮らす喜びを感じられる住まいとなればと考えた。それは建築がその単体で完結するのではなく，通りやまちと連続し，より豊かな環境や関係性，風景をつくっていくような，まちとともにある建築のあり方を目指した試みでもある。

（西沢立衛建築設計事務所　東出優子）

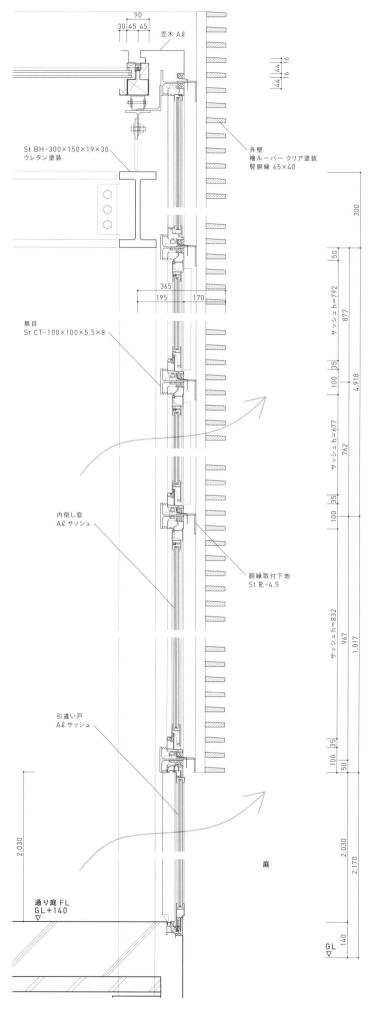

C-C断面詳細 1/15

16

淡路瓦の
ダブルスキンが
生み出す
半屋外空間

淡路島の住宅
SUEP./末光弘和＋末光陽子

House in Awajishima
by SUEP. / Hirokazu SUEMITSU + Yoko SUEMITSU

施工：平尾工務店
構造：木造
規模：地上2階
竣工：2018年2月
所在：兵庫県淡路市
撮影：中村絵

地元の特産品である淡路瓦を用いたダブルスキンが特徴的な住宅である．淡路瓦は日射シミュレーションによって夏の日射遮蔽，冬の日射取得を最大化するようにデザインされ，室内や屋外のテラスに差し込む日射をコントロールするとともに，瓦の合間を流れる風が穏やかな環境をつくり出している．太陽光発電や地中熱，プール水を利用したヒートポンプの活用など，パッシブ・アクティブともにさまざまな挑戦的な試みがなされた住宅である．　　　　　　　　　　（清野）

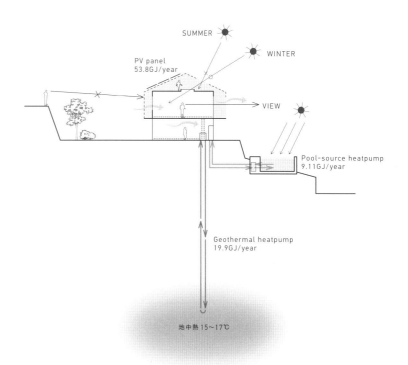

住宅設備ダイアグラム

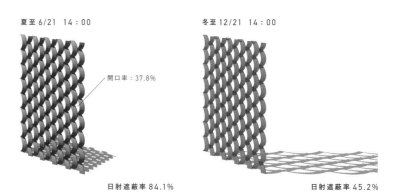

夏至6/21 14:00　　　　　冬至12/21 14:00

開口率：37.8%

日射遮蔽率84.1%　　　　日射遮蔽率45.2%

夏至と冬至の瓦による日射遮蔽率の比較

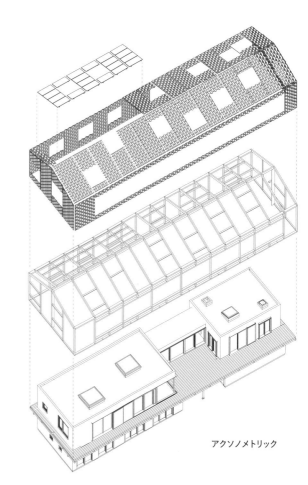

PV

瓦

木フレーム

本体

アクソノメトリック

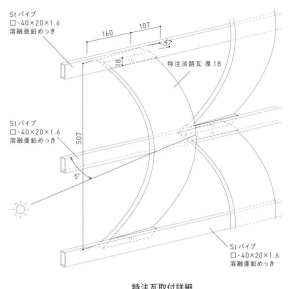

特注瓦取付詳細

淡路島の住宅は東側の海に開かれており，素晴らしい眺望を得られる反面，午前中の浅い角度の日射が室内に入ってきて，夏の日中に室内がオーバーヒートする。そこで，建物の外側にもう一つの外皮を重ねダブルスキン状の空間とし，日射を遮蔽しながら，プライバシーを気にせず，窓を開けて風を通すことを考えた。このダブルスキンは，特注形状の淡路瓦でつくられている。淡路島は，日本三大瓦の産地として有名であるため，淡路瓦の職人と協働し，環境シミュレーションによって導き出された3D形状を型に落とし，ダブルスキンを構成する約3,000枚の瓦をデザインした。環境シミュレーションによって導かれた特注の瓦は，夏・冬の平均日射角度から算出されたねじれた形状をしており，夏の日射を遮蔽し，冬の日射を取り込むようになっている。

(末光弘和)

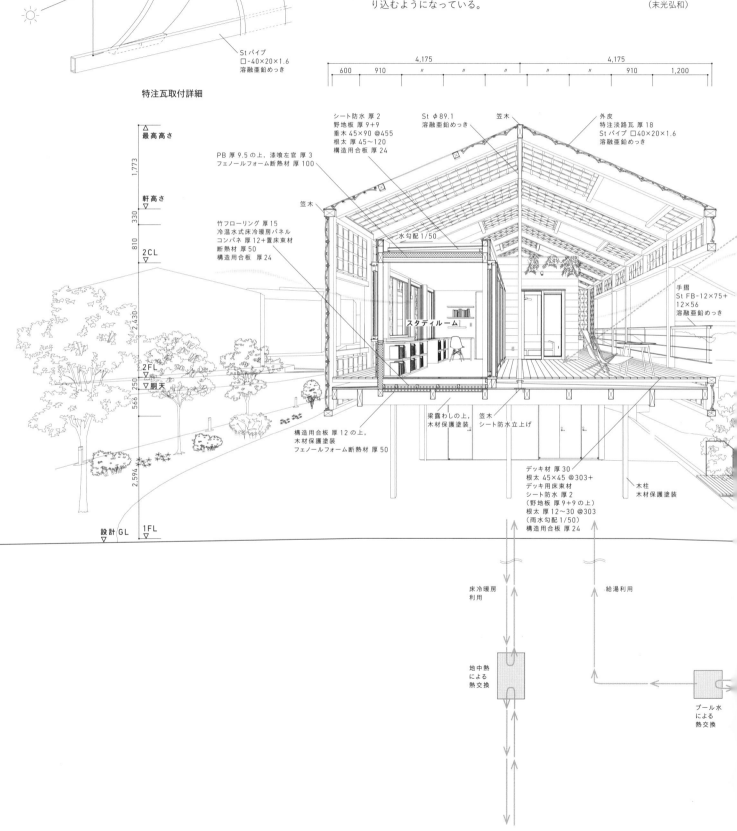

断面パース　1/80

夏の朝陽を遮蔽

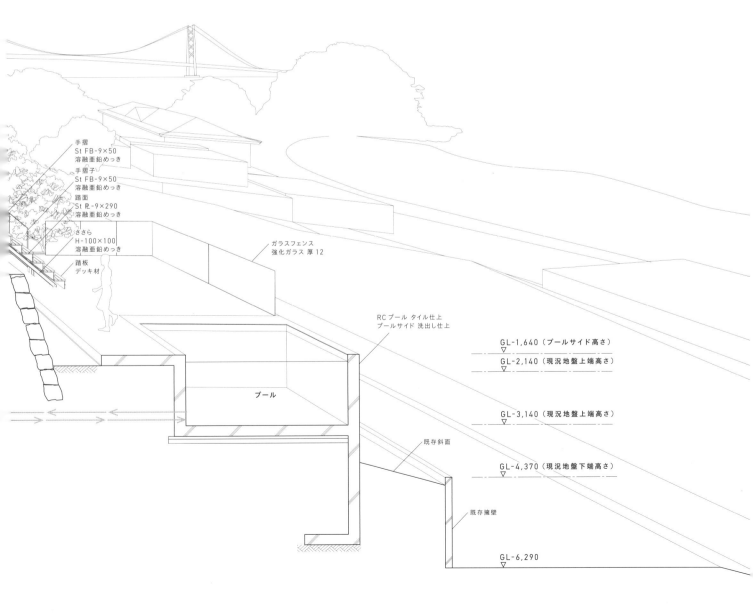

手摺
St FB-9×50
溶融亜鉛めっき

手摺子
St FB-9×50
溶融亜鉛めっき

踏面
St 凡-9×290
溶融亜鉛めっき

ささら
H-100×100
溶融亜鉛めっき

踏板
デッキ材

ガラスフェンス
強化ガラス 厚12

RCプール タイル仕上
プールサイド 洗出し仕上

プール

既存斜面

既存擁壁

GL-1,640（プールサイド高さ）
GL-2,140（現況地盤上端高さ）
GL-3,140（現況地盤上端高さ）
GL-4,370（現況地盤下端高さ）
GL-6,290

17

空間と構造・設備システムを再統合するリノベーション

UNIQLO TOKYO

佐藤可士和（トータルクリエイティブディレクター），
ヘルツォーク＆ド・ムーロン（デザインアーキテクト），
ファーストリテイリング（プロジェクトマネジメント）

UNIQLO TOKYO

by Kashiwa SATO, Herzog & de Meuron,
Fast Retailing Co., Ltd.,
TAKENAKA CORPORATION, NOMURA Co., Ltd.

改修部実施設計・施工：竹中工務店
内装実施設計・施工：乃村工藝社
構造：SRC造，一部RC造
規模：地上7階，地下4階，塔屋2階
竣工：2020年6月
所在地：東京都中央区
撮影：井上登写真事務所（P152-153, P154下），
　　　ナカサアンドパートナーズ（P154上）

リノベーションでは，既存建物の特性を理解することで，新築の場合と同様に空間・構造・設備の関係性を新たに構築することができる。UNIQLO TOKYOでは，既存建物のインフラが，建物外周に沿って構築されていることを生かし，中央部に新たに吹抜けを設け，空間を上下につなぎながら各階の店舗の奥行きを減らし，空調は周囲からのみとすることで，構造体をそのまま見せて，インテリアデザインを一新している。　　　　　　　（花岡）

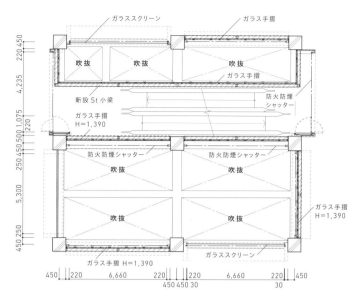

改修後 平面 1/250

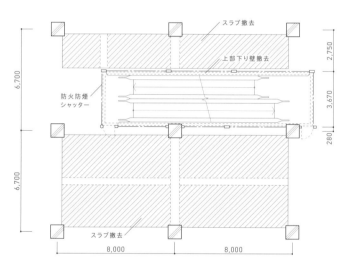

改修前 平面 1/250

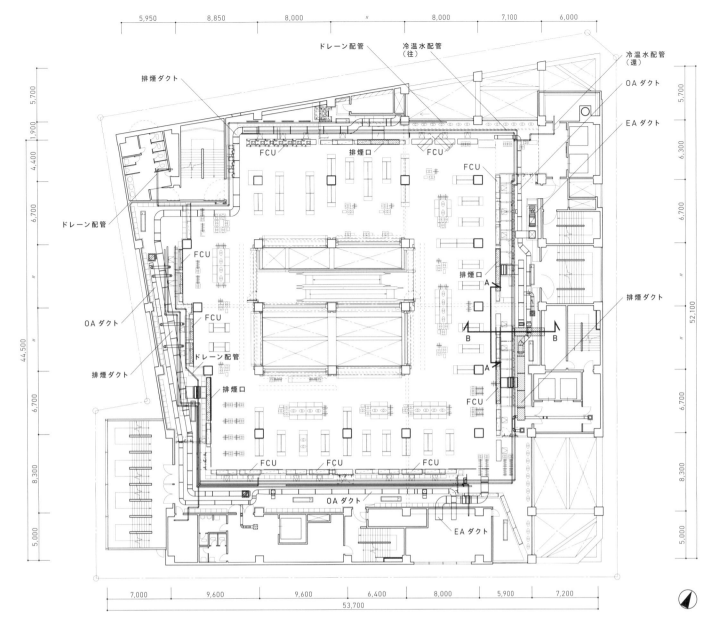

空調設備2階平面 1/400

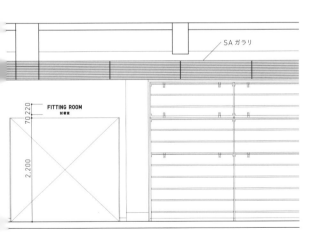

A-A展開 1/80

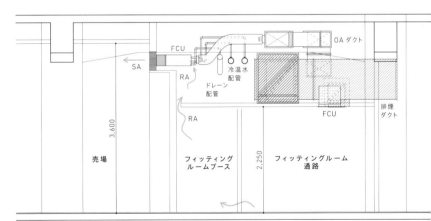

B-B断面 1/80

ヘルツォーク&ド・ムーロンによる「UNIQLO TOKYO」のデザインは，既存の仕上げとともに，躯体である床や壁も一部大胆に取り除くことで空間的な豊かさを生み出している。このデザインを実現するため，売り場において梁より下のレベルに展開していた空調システムを刷新し，天井には一切空調機を設けずに四周のキャビネット上部から吹くことで，天井レベルを上げて梁をあらわしにした。この方式は，既存のインフラが外周に沿って配置されていたことと，新たに設けた中央の吹抜けによって売り場の奥行きが制限されたことによる新旧プランの特性によって成立している。四周のバックスペースの天井には，空調機器や機械排煙・換気ダクトを立体的に集約。売り場内のダクトレス化を図り，スリーブを新たに設置した部分は鉄板で補強して梁貫通で納めた。補強鉄板やスラブを切り欠いた際の小口などはそのまま見せることで改修ならではの表情が生み出されている。

（竹中工務店　花岡郁哉 / Herzog & de Meuron 姫野裕子）

18

瀬戸内の気候と おおらかにつながる リノベーション

ONOMICHI U2

吉田愛・谷尻誠 / SUPPOSE DESIGN OFFICE

ONOMICHI U2
by Ai YOSHIDA・Makoto TANIJIRI /
SUPPOSE DESIGN OFFICE

施工：大和建設
構造：RC造，一部S造
規模：地上2階
竣工：2014年3月
所在：広島県尾道市
撮影：矢野紀行

広島県の尾道水道に面した築80年になる海運倉庫をリノベーションし，RC造の大空間の中にS造でつくった飲食店舗や物販店舗，宿泊施設などを入れ子状に挿入している。向島を見渡すことのできる大型搬入口と天窓を活用した自然採光や，瀬戸内の海陸風を活用した水平換気，そして居住域の温熱環境を整える放射式冷暖房（ラジエータ）によって，半屋外のようでおおらかな屋内環境を演出している。　　　　　　　　　　　　　（荻原）

1階平面 1/400

　計画建物は船荷倉庫の一つとして建設された。その従前の用途から簡素なつくりとされており，断熱のないRCの屋根・壁，作業のための明かり取りの天窓，そして荷物を搬入するための海に面した大きな開口部のある構成であった。一般的には低性能な外皮と捉えられるが，瀬戸内の温暖な気候を建築に取り込みやすいといえる。海沿いの立地から開口を開けると風が抜け，周辺の環境が建築に入り込んでくる環境デザインを念頭に計画した。天井高のある倉庫に対し，人の滞在する低いエリアの壁面を断熱モルタルで性能を向上し，放射冷暖房で空調する計画とする。また，既存天窓は数カ所を開放できるように取り替え，熱の溜まる上部空間は自然通風での空気の循環を促した。倉庫のもつおおらかさに瀬戸内の温暖な気候を同居させることを念頭に意匠・環境を計画した。

（吉田愛）

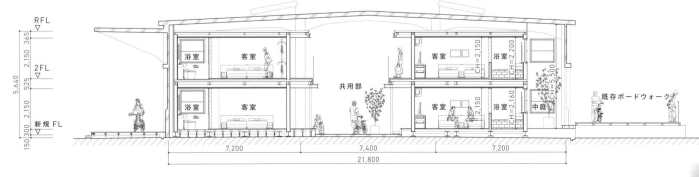

断面 1/200

初出一覧

建築環境デザインの設計フロー
- Step 1～6 / 光をいざなう——『ディテール』218号（2018年秋季号）
- 熱をあやつる / 風をうながす / 水をめぐらす——『ディテール』219号（2019年冬季号）

ヴァナキュラー建築と建築環境デザイン——『ディテール』219号（2019年冬季号）

建築環境デザイン 手法とディテール
- NICCA イノベーションセンター——『ディテール』216号（2018年春季号）
- みんなの森 ぎふメディアコスモス——『ディテール』206号（2015年秋季号）
- 松原市民松原図書館——『ディテール』225号（2020年夏季号）
- コープ共済プラザ——『ディテール』219号（2019年冬季号）
- NBF大崎ビル——『ディテール』191号（2012年冬季号）
- アクロス福岡——『ディテール』200号（2014年春季号）
- 東京音楽大学 中目黒・代官山キャンパス——『ディテール』222号（2019年秋季号）
- 新宿住友ビル RE-INNOVATION PROJECT——『ディテール』227号（2021年冬季号）
- 一宮のノコギリ屋根——『ディテール』221号（2019年夏季号）
- UNIQLO TOKYO——『ディテール』227号（2021年冬季号）

＊初出時の内容を加筆・修正のうえ再編した。

デザイン　水野哲也（watermark）

建築環境デザインのディテール　光・熱・風・水・音
2024年12月10日　第1版　発行

編著者　荻原廣高・花岡郁哉
　　　　青木亜美・海野玄陽
　　　　清野新・竹中大史
発行者　下出雅徳
発行所　株式会社　彰国社
　　　　162-0067　東京都新宿区富久町8-21
　　　　電話　03-3359-3231（大代表）
　　　　振替口座　00160-2-173401

著作権者との協定により検印省略

自然科学書協会会員
工学書協会会員

Printed in Japan
© 荻原廣高（代表）2024年
印刷：真興社　製本：誠幸堂
ISBN 978-4-395-32205-3　C3052　https://www.shokokusha.co.jp

本書の内容の一部あるいは全部を、無断で複写（コピー）、複製、およびデジタル媒体等への入力を禁止します。許諾については小社あてにご照会ください。